农村劳动力转移就业

工作模式解析

人力资源和社会保障部 就业促进司
中国就业培训技术指导中心 组织编写

中国劳动社会保障出版社

图书在版编目(CIP)数据

农村劳动力转移就业工作模式解析 / 人力资源和社会保障部就业促进司，中国就业培训技术指导中心组织编写. —北京：中国劳动社会保障出版社，2010

ISBN 978 - 7 - 5045 - 8287 - 4

Ⅰ. 农…　Ⅱ. ①人…②中…　Ⅲ. 农民-劳动就业-工作-中国　Ⅳ. D669.2

中国版本图书馆CIP数据核字(2010)第039317号

中国劳动社会保障出版社出版发行

（北京市惠新东街1号　邮政编码：100029）

出 版 人：张梦欣

*

北京外文印刷厂印刷装订　新华书店经销

787毫米×1092毫米　16开本　8印张　1插页　106千字

2010年4月第1版　2010年4月第1次印刷

定价：20.00元

读者服务部电话：010-64929211

发行部电话：010-64927085

出版社网址：http：//www.class.com.cn

农村劳动力转移就业工作模式解析

编审委员会

主　任：于法鸣　刘　康
副主任：尹建堃　原淑炜
委　员：李祥伟　柴海山　王　瑢　杨颖琳

编写人员

主　编：原淑炜
副主编：王　颖　姜　郁
编　者：（按姓氏笔画排序）
王艺桥　占江　卢建文　左兆龙　田振岳　李彬　薛勇

主　审：余斌

前　言

就业是天大的事。做好农村劳动力转移就业工作对于保持就业局势稳定有着至关重要的作用。遵照部领导的指示，我们对农村劳动力转移就业工作模式进行了总结、归纳和提炼，并编辑出版了此书。本书以张小建副部长在2009年12月召开的农村富余劳动力转移就业工作视频会上的讲话稿为序，以多种工作模式解析为主要内容，配以部分劳务输出示范县工作经验，用以推动各项促进农村劳动力转移就业政策的进一步落实，推进农村劳动力转移就业工作的进一步开展。

本书提及的农村劳动力转移就业工作模式有以下九种：公共就业服务促进转移就业、职业技能培训促进转移就业、返乡创业带动转移就业、就地就近就业带动转移就业、对口劳务协作带动转移就业、劳务品牌带动转移就业、劳务能人带动转移就业、小额担保贷款助推转移就业、维权保障助推转移就业。

这些模式的命名由三部分构成：一是当前工作的着力点，包括公共就业服务、职业技能培训、返乡创业、就地就近就业、对口劳务协作、劳务品牌、劳务能人、小额担保贷款以及维权保障；二是工作对于转移就业的功效或功能，包括了促进、带动以及助推三个程度动词；三是模式的服务对象，即农村劳动力转移就业。这些模式的内容由四部分构成：一是模式背景，用于简单阐述该模式形成的背景、原因、现状以及功效和作用；二是模式概述，即对归纳出的模式作出初步的定义；三是模式要点，是对模式应具备的要素和关键工作环节进行了流程式的描述，这部分既是对模式内容作进一步的阐述，也是对如何发挥好模式的功效进行讲解；四是案例解析，包括两个来自劳务输出工作示范县的案例和点评，以增加模式的实效性和现实指导意义，便于读者理解和接受。

需要指出的是，我们对农村劳动力转移就业工作中有关技术操作层面的探讨仅仅才起步，限于水平和能力，错漏之处难免，敬请指正。在本书编写过程中，得到了河北、河南、江苏、浙江、湖北、吉林、四川、陕西以及杭州等地就业服务部门的大力支持，在此表示感谢！我们也希望，通过对农村劳动力转移就业工作模式的探讨，能和更多有志于从事这方面研究的同仁携起手来，不断丰富和完善劳动力转移就业工作的技术和方法，为进一步做好农村劳动力转移就业工作提供实实在在的技术服务。

编者

二〇一〇年一月二十九日

总结经验 明确思路 开拓创新
做好农村劳动力转移就业工作

——张小建副部长在农村富余劳动力转移就业工作视频会上的讲话（代序）

（二○○九年十二月三日）

一、果断应对危机，努力稳定局势，全国就业回稳向好

受国际金融危机影响，去年第四季度，我国经济增速减缓，对就业工作也带来严重冲击。到去年底，就业形势已十分严峻：新增就业逐月递减，降到最低点；部分企业岗位流失严重，就业不稳定；登记失业率攀升到2004年以来的最高点，高校毕业生、农民工、困难群体的就业也相继呈现紧张局

面。这次百年一遇的金融危机给就业带来的冲击，在全球和我国都很突然，在短时间内迅速蔓延，规模之大、影响之深，可谓前所未有。

针对金融危机造成的不利影响，党中央、国务院果断采取了一系列宏观调控政策措施，全力做好保增长、保民生、保稳定的各项工作。按照中央的决策部署，国务院及就业工作部际联席会成员单位连续出台了1+3+3共7个文件，以稳定就业和扩大就业为主线，推出了六大举措，以更加积极的就业政策和全方位促进就业的措施，以前所未有的工作节奏和工作力度来应对前所未有的严峻形势和困难问题。经过一年时间上上下下的共同努力，我们的工作取得了初步成果，全国就业工作走出低谷，展开了新的局面。一是省市快速出台政策，层层大力推进，落实中央要求不折不扣，结合各地实际大胆创新，为应对危机建立了坚实的政策保障。二是东部省（市）全力挽回新增就业下降趋势，中西部多数省（区）努力保持新增就业不减甚至增长，实现了东方不亮西方亮的区域互补新格局。同时，针对三大重点群体分别制定实施专项政策措施，实现统筹安排，各有所安。三是一手紧跟投资项目拉动就业，一手紧贴企业减负稳定就业，实现就业的稳中有升。四是在采取紧急应对措施的同时，加强管理工作，着手构建长效机制，使《就业促进法》得以更好落实，就业工作有望再上一个新的台阶。当前，全国就业局势基本稳定，完成全年目标任务已有把握。这些成绩的取得，是我们坚决、迅速落实中央决策的结果，也是各地认真贯彻部党组将就业工作作为全系统工作重中之重要求的结果，更是全国就业战线同志同心同德、团结奋战、奋发进取、努力工作的结果，不仅体现了全体同志为国分忧、为民解难的大局观念和高度责任感，而且体现了整个战线敢打硬仗、能打硬仗的顽强拼搏精神，成绩确实是来之不易，得到了国务院领导的充分肯定，也得到部党组的高度评价。我在这里，代表部党组向大家表示由衷的感谢和崇高的敬意！

就业局势稳定向好，农村劳动力转移就业工作功不可没。这次金融危机对我国就业的影响最先波及到农民工群体，他们受到的冲击也最为直接。春节前后形成了7 000多万农民工的大规模集中流动，其中上千万农民工由于突然失去工作提前返乡，会不会由此引发城市的不稳定和农村的动荡，引起了全社会的高度关注。面对空前的压力，各地同志按中央的部署安排和地方党委政府的要求，采取有力措施做好工作。一是从上到下紧急部署动员，及时摸清返乡农民工底数；部里和地方建立了快速调查制度，依托公共就业服务机构和基层平台，组织专门人员，深入乡镇村头，实地摸查情况，在最短的时间内掌握了返乡农民工的真实情况，对科学决策和部署工作提供了参考依据。二是抓紧落实减负稳岗的政策，全力控制岗位流失，稳定了现有岗位特别是农民工队伍。三是提前启动春风行动系列活动，大力支持农民工返乡创业、促进就地就近就业，并加强输出地与输入地之间的点对点对接，推进有组织的劳务输出。四是维护农民工合法权益，改善务工环境，加强了农民工欠薪保障和劳动维权工作，开展了清理整顿人力资源市场秩序专项行动；还开展了“共同约定行动”，鼓励企业和职工通过集体协商共渡难关。五是大力加强农民工职业培训，在组织实施“特别职业培训计划”，各地针对返乡农民工转移就业要求和劳务输出意愿，扩大技校的技能培训规模，开拓企业在岗培训新局面，并组织了新一轮的创业培训。

一系列针对农民工就业的政策措施，加上农民工就业本身具有的市场观念和抗风险能力，使农民工群体的就业局势很快得到稳定。到9月底，外出打工人数已恢复到去年8月底的94%，绝大多数返城农民工已找到了工作。这对于稳定全国就业局势，保持社会稳定具有重要作用：其一，打胜了我们应对金融危机、稳定就业局势的第一个战役，对我们应对金融危机，圆满完成保稳定任务，提振了信心。其二，稳定了农民工就业，为解决三大群体就业奠定了重要基础，使我们能够腾出时间和精力集中解决高校毕业生等其他重点群体就业问题。其三，在稳定了一大批企业职工队伍的同时，又开展了农民工培训，为下一步经济复苏、恢复生产准备了条件。其四，工作过程中，乡镇、村基层平台发挥了重要作用，得到了各级党委、政府的首肯和支持，为进一步完善覆盖城乡的公共就业服务体系奠定了坚实的基础。在实际工作中，各地一线的同志们承担了大量的具体工作，很多同志在春节期间都没有休息。正是大家的艰苦努力，换来了工作新的进展、新的局面。

二、搞好农村劳动力转移就业，既是当前紧迫而重要的工作，又是关系长远的战略任务

金融危机后农民工大量回流这一现象给我们一个重要警示：我国农村劳动力转移就业的基础是十分脆弱的。而今年部分地区出现的招工难，又让我们看到农民工就业问题的复杂性。我国是农村劳动力大量富余的发展中国家，在今后相当长的时期内，农村劳动力就业问题将始终是影响我国经济和社会发展的重大问题。我们一定要充分认识做好这项工作在当前的紧迫性和必要性，在长远的战略性和重要性，强化工作的责任感和使命感，采取切实措施，做好工作。

从当前来看，做好农村劳动力转移就业工作十分紧迫而必要。一方面，当前世界经济还存在诸多不确定、不稳定因素，中国经济企稳回升的态势还不稳定，外需萎缩已成定局，增长的内在动力仍然不足，部分行业产能过剩的问题进一步凸显。要进一步调整结构、节能减排、节制产能，都会对农民工就业产生深刻影响，新冲击波的隐患仍在。另一方面，当前部分地区出现企业招工难的问题。这里有企业短期订单回升和招工季节错位的问题，也有企业不愿或难以提高工资福利、农民工不愿被动地被招用和裁员等原因。这与我国劳动力总体上供大于求的局面并存，呈现就业工作的复杂性。由此可见做好农村劳动力转移就业工作的紧迫性和重要性：不仅是解决农民增收的急需，也是保持城市经济发展和企业生产的急需；既是劳务输出地的重要工作职责，也是城市输入地的重要工作任务。

从长远来看，今后二三十年，农村劳动力转移是我国就业的重大任务。目前我国第一产业也就是农业劳动力占总就业人口的41%，而世界上发达国家的农业劳动力比例普遍在10%甚至5%以下，农村劳动力向非农产业转移，是经济和社会发展的必然规律。目前，我国尚有1.2亿农村富余劳动力，今后随着农业劳动生产率的不断提高，还会有大量的农业富余劳动力包括新成长的劳动力要转移到非农产业中去。我们已承诺，到2020年实现社会就业更加充分的目标，这是城乡统筹的充分就业，不仅包括城镇劳动者的充分就

业，也包括农村劳动者摆脱不充分就业状态，在制造业和服务业实现的充分就业。加快农村劳动力转移也是实现扩大就业发展战略的重要支点，是我国人力资源开发利用的主要内容。我们要把人口包袱变成人力资源优势，把人力资源大国变为人力资源强国，就必须要把低端产业的劳动力转移和提升到更高端的产业上来。我国作为世界上最大的发展中国家，正处于工业化和城市化转型的重要历史时期，加快农村劳动力转移，对中国经济解决城乡二元化问题，加快工业化、城市化具有重要意义。由此可见做好农村劳动力转移就业工作具有的长远战略意义，需要我们深入研究，把握规律，因势利导，推动工作稳步扎实向前。

三、认真总结工作经验，探索推进农村劳动力转移就业的规律性

改革开放以来，党中央、国务院对农村劳动力的就业问题高度重视。我们顺应农村富余劳动力向非农产业转移的形势，相继开展了“农村劳动力开发就业试点”“农村劳动力跨地区流动有序化工程”等工作。特别是近些年，按照中央对农民进城务工要公平对待、合理引导、完善管理、搞好服务的要求，在大力推进城乡统筹就业、努力改善农民工进城就业环境、保障进城就业农民工的合法权益、加强对农村劳动力的公共就业服务和职业技能培训、逐步形成城乡一体化的人力资源市场等方面做出努力，取得初步成效。

一是清理取消了限制性就业政策和不合理收费。2003年以来，我们取消了专门针对外地农民工的证卡管理制度和进城就业的职业、工种限制，取消了各种针对农民工的收费，基本消除了对农民工限制性的就业政策障碍。

二是建立了面向城乡劳动者的公共就业服务制度和体系。2005年以来，公共就业服务机构免费服务的范围从城镇失业人员扩展到全部农民工，面向农民工开放，免费提供职业介绍和就业指导服务。近年来，各地加强了乡镇劳动保障工作平台的建设。到2008年底，全国将近90%的乡镇已建立了劳动保障工作机构。近年来，各地每年在春节后开展“春风行动”，为进城求职农民工提供就业服务，取得了较好效果。

三是组织实施了农村劳动力技能就业计划，建立了培训补贴制度。2006—2008年这三年中，我们在全国范围内组织实施“农村劳动力技能就业计划”，参加培训的农村劳动者达2 650万人，各级财政就业专项资金用于补贴农民工非农技能培训的金额达80亿元。

四是形成了培训、服务、维权“三位一体”的劳务输出工作模式。为进一步做好劳务输出工作，我们提出大力推行“三位一体”的工作模式。在全国确定110个劳务输出示范县，着重总结推广示范县实行"三位一体"工作模式的经验，在面上推动全国劳务输出工作，从中也树立了一批在全国有较高知名度的劳务品牌。

五是强化了扶持农民工返乡创业的政策措施。按照国务院要求，特别是在应对金融危机过程中，不少地方都出台了促进农民工返乡创业的政策，在资金、场地、税费政策方面给予相应扶持和服务。

认真总结这些年农村劳动力转移就业工作，我们有这样几个体会，也可以作为成功经验，要在今后的工作中继续坚持，大力发扬：

一是坚持以人为本，力促就业。搞好这项工作，必须树立以人为本理念，要想农村劳动者之所想，急农村劳动者之所急，以促进其更快更好实现就业作为出发点和落脚点，在农村劳动者外出打工和返乡就业创业各个关键环节上为他们排忧解难，及时提供服务与帮助。

二是坚持城乡统筹，公平对待。推进城乡统筹，要坚持城镇就业与农村就业统筹考虑，坚持农村劳动力异地转移和就地就业相结合；并将扩大就业、开发岗位与加强培训、提高素质同时并举，将完善市场机制与推进维权和社会保障紧密结合。实行公平对待，不仅是要保障农民工的平等就业权利，维护规则的公平；还特别要针对农民工处于弱势的情况，给予更多的扶持和倾斜，从而实现结果的公平。

三是坚持因地制宜，分类指导。我国地域辽阔，各地情况不同。与城镇就业相比，农村劳动力转移就业更要强调因地制宜、分类指导。要发挥输出地和输入地两个积极性，从各地实际出发，有针对性地解决存在的问题。要从城乡两个方面双向强化对农村劳动力转移就业的公共服务，寓管理于服务之中。

四是坚持立足当前，着眼长远。立足当前，就是要抓紧解决当前影响农村劳动力转移就业的突出问题，不忽视，不懈怠。着眼长远，就是要看到这项工作的长期性与复杂性，做好打持久战的准备；同时将这项工作置于农村改革与发展的大框架之内总体考虑，统筹安排，有序推进。

四、明确工作任务，扎实推进农村劳动力转移就业工作

当前，我国经济回升基础还不稳定、不巩固、不平衡，就业形势依然严峻，解决就业问题仍然是一项长期、艰巨和繁重的任务。在这种背景下，农村劳动力转移就业堪称分量最重、格局最复杂的任务。农民工是最为市场化的就业群体，我们必须继续坚持劳动者自主择业、市场调节就业、政府促进就业的方针，一方面要打破各种制度性障碍，为农村劳动力转移就业提供良好的市场就业环境，另一方面政府要建立健全促进转移就业的政策体系，发挥公共就业服务的作用，帮助农村富余劳动力更好地实现转移就业。当前，从市场化转移就业的角度看，还存在着农民工就业信息不灵、劳动维权困难、就业能力偏低等突出问题。从政府促进转移就业的角度看，还存在着农村富余劳动力底数不清、基层服务机构不健全、劳务对接效率不高等问题。同时，农村劳动力转移就业这个大概念也从原有的异地输出型就业转化为异地转移就业、就地就近就业和自主创业并重的多种渠道就业模式，相应的就业政策和制度还没有真正随之跟进建立，对我们的工作提出了新的挑战。

尽管有这些困难和问题，我们也要看到有利的条件。一是党中央、国务院对农民工就业工作高度重视，各地党委政府也普遍加强了组织领导，为做好农村劳动力转移就业提供了组织保障。二是近年来出台了一系列促进农村劳动力转移就业工作的政策措施，形成了一整套政策体系。三是各地在长期工作实践中，已逐步摸索出一套行之有效的经验做法。四是经过金融危机的洗礼，农民工市场自主就业和抗风险能力大大增强，越来越多的企业也提升社会责任感，善待自己的员工，危机反而激发出新的机制、新的格局。如利

用得当，将使农村劳动力转移就业工作获得更好的发展机会。因此，我们必须增强信心，把握机遇，迎难而上，争取工作主动权。

今后一个时期，继续做好农村劳动力转移就业工作的目标任务和总体要求是：进一步建立健全和充实完善促进农村劳动力转移就业的政策和制度体系，统筹规划和积极拓展跨地区流动就业、就地就近就业、返乡自主创业等多种转移就业渠道，全面推行职业培训、就业服务、劳动维权“三位一体”工作模式，夯实工作基础，提高服务管理能力，使农村劳动力的转移就业在规模上稳步扩大，在素质上不断提升，为实现城乡统筹、就业更加充分的目标奠定坚实的基础。按照这个要求，我们要立足当前，着眼长远，统筹规划部署，全力积极推进。

从当前看，各地首先要统筹安排并认真组织好2010年春风行动，确保农民工就业局势的基本稳定。明年的春风行动将从2月底开始启动，持续到4月份，这是在当前形势下，做好农村劳动力转移就业工作，保持整体就业局势基本稳定的重要举措，各地要高度重视，花大力气做实做好。一是要摸清情况。各地要组织乡镇平台在春节前后对农村劳动力就业状况进行摸查，及时掌握他们返乡和外出的情况，做到心中有数。二是要制定方案。许多地方创造的经验表明，在春风行动中，不仅公共就业服务机构要全力投入，率先做好进城农民工的就业服务，并且可以由此构建起动员社会各方面力量，为农村劳动力全方位转移就业提供集中的服务和帮助，集多项工作为一体的工作平台。结合各项政策措施的落实，各地要总结经验，提前制定有针对性的方案，丰富活动内容，创新服务模式，尽可能地满足农民工求职就业的各种需求。三是要提前准备。要针对返乡农民工的就业需求，大量收集本地和外地岗位信息，重点解决好农民工在获得有效岗位信息、提升职业技能和维护劳动权益方面遇到的问题和困难，切实落实“三位一体”的服务要求。对就地就近就业和返乡创业的劳动者，也要做好政策宣传和组织发动工作。对上述工作所需的资金支持、工作组织、技术服务等，都要有计划地做好准备。各地在今天下午的会议上，就要对春风行动的准备工作做出部署。各级人力资源社会保障部门要加强组织领导。要建立目标责任制度，以市、县为单位，将春风行动各项工作任务落实到具体机构、部门，确保各项要求得到贯彻落实。我们人力资源社会保障部门内部要加强配合，形成合力，真正落实“三位一体”的工作模式，力争工作取得实效。各地还要联合工会、妇联等团体，充分发挥各级公共就业服务机构和工会、妇联基层组织的作用，同时动员各类经营性服务机构和各类用人单位，保证在春节后一到两个月内，各地农村劳动力转移就业能够得到更好服务和更多帮助。总的讲，明年实施春风行动，要做得更紧贴劳动者需求，更丰富多彩，有创新，更具实效。

从长远看，做好农村劳动力转移就业工作，要在以下几个方面下更大工夫：

第一，进一步完善农村劳动力转移就业政策措施并落实见效。各地要结合贯彻中央关于扩大内需、减轻企业负担、促进经济增长的各项政策措施，鼓励中小企业更多吸纳农村劳动力。要进一步落实好农民工培训补贴和职介补贴，以及相关减税和社保补贴政策，使农村劳动力转移就业得到更好的政策扶持。其中，要重点完善鼓励返乡农民工创业的相关政策和服务措施，从贷款发放、税费减免、工商登记、信息咨询等方面予以大力支持，帮助创业者解决融资难、场地难、办事难等问题，构筑绿色通道和创业平台，促进更多返乡农民工成功创业。

第二，夯实两个基础，建立健全服务网络和信息统计制度。一是要进一步完善农村劳动力转移就业服务体系。巩固加强乡镇劳动保障工作平台建设，重点行政村设立平台或信息员的做法可认真总结加以推广。劳务输出地与输入地要建立健全供求信息对接的有效途径和机制。要鼓励公共就业服务机构与劳务公司、培训机构等开展多形式的协作，形成全方位的服务网络。要通过制定相应的政策措施，激发农村劳务经纪人的积极性，发挥他们的重要作用。二是要依托乡镇村平台，建立完善农村劳动力就业信息调查统计制度，定期了解本地区农村劳动力资源的输出输入和就地就近就业状况，做到基础台账明、动态数据清、就业状况准，逐步实现农村劳动力就业状况的动态管理，为分析判断形势、制定相关政策措施、开展针对性的就业服务提供有力的支持。

第三，拓宽三个渠道，全方位地促进农村劳动力转移就业。各地要围绕农村劳动力就地就近就业、自主创业和异地转移就业三个转移就业渠道，进行统筹规划和分别推进。要结合国家大力调整农业和农村产业结构，结合社会主义新农村建设，发挥政府投资项目对农民工就业的引导作用，发挥县域经济发展对就业的吸纳作用，拓宽就地就近就业渠道。要创造更好的创业环境，加强扶持创新服务，强化创业培训，拓宽自主创业渠道。要通过在输出地建设劳务基地、在城市扩展并畅通企业用工及社会劳务的需求，拓宽异地就业渠道，并注意发挥市场调节供求机制作用与政策导向和公共服务配合，有序引导跨地区流动转移就业。

第四，面对劳动者和企业，重点做实四项服务工作。一是要做实信息服务工作。针对农民工就业信息不灵，供求信息不对称的突出问题，各级公共就业服务机构要在广泛收集和发布用工岗位信息，强化输出地与输入地间的信息对接上下工夫。输出地要把本地的劳务信息宣传出去，输入地要把用工信息公布出来，输出地与输入地要加强供求信息的交流沟通，并落实到企业用工和劳动者就业上。二是要做实劳务对接服务工作。输出地和输入地要切实提高劳务对接的质量和效率，推广点对点对接工作模式。要建立起相关的激励和督促机制，通过派驻劳务工作机构、搞订单培训、协调政策、合作维权等方式，把农村劳动力转移就业工作做好做实。三是要做实技能培训服务工作。要按照进城求职的农民工、刚刚上岗的农民工、农村两后生等不同群体的特点，组织开展实用技能培训、企业上岗和技能提升培训、预备制技能培训，注重提高培训促进就业的实效性。四是要做实创业服务工作。对返乡农民工创业，要积极提供创业项目推介、创业培训、开业指导、信贷支持、后续跟踪等“一条龙”服务，提高农民工创业成功率。

第五，充分发挥示范县在农村劳动力转移就业工作中的重要作用。劳务输出工作示范县是农村劳动力转移就业工作中的一面旗帜，是涵盖了城乡统筹就业、输出输入双向对接、“三位一体”工作模式的综合性工作平台，在各地推进劳务经济工作中发挥了重要作用，也是我们推动工作落实的重要抓手。为适应当前农村劳动力转移就业的新形势和新要求，我们初步考虑将劳务输出示范县调整为农村劳动力转移就业工作示范县，范围上从原有的以劳务输出地为主，扩大到所有的县；格局上从单纯的劳务输出，扩大为跨地区就业、就地就近就业和自主创业这三种转移就业形式；体系建设上从健全县乡就业服务体系，扩大到县、乡镇和行政村。总之，工作内容更加丰富，工作要求更高。希望各地结合本地情况，逐步进行调整，并重点完善创建转移就业示范县的相关制度，最大限度地发挥示范县在推进工作、落实政策、优化服务、提高实效等方面的积极作用，使之成为我们全面推进农村劳动力转移就业工作的排头兵和先试先行的样板。对农村劳动力转移就业工作，部里将进一步研究政策支持、工作推进、技术服务的措施，为各地工作提供更好的指导和支持。

同志们，农村劳动力转移就业工作任重道远，使命光荣。让我们加倍努力，开拓创新，为打胜应对金融危机的这一重大战役，进而实现城乡更加充分的就业，作出我们应有的贡献！

目录

综述 / 1

模式一：公共就业服务促进转移就业 / 7

一、模式背景 / 7
二、模式概述 / 7
三、模式要点 / 8
四、实例点评 / 11

模式二：职业技能培训促进转移就业 / 15

一、模式背景 / 15
二、模式概述 / 15
三、模式要点 / 16
四、实例点评 / 18

模式三：返乡创业带动转移就业 / 23

一、模式背景 / 23
二、模式概述 / 23
三、模式要点 / 24
四、实例点评 / 26

模式四：就地就近就业带动转移就业 / 31

一、模式背景 / 31
二、模式概述 / 31
三、模式要点 / 32
四、实例点评 / 34

模式五：对口劳务协作带动转移就业 / 39

一、模式背景 / 39

二、模式概述 / 39
三、模式要点 / 40
四、实例点评 / 42

模式六：劳务品牌带动转移就业 / 47

一、模式背景 / 47
二、模式概述 / 47
三、模式要点 / 48
四、实例点评 / 49

模式七：劳务能人带动转移就业 / 55

一、模式背景 / 55
二、模式概述 / 55
三、模式要点 / 56
四、实例点评 / 57

模式八：小额担保贷款助推转移就业 / 63

一、模式背景 / 63
二、模式概述 / 63
三、模式要点 / 64
四、实例点评 / 65

模式九：维权保障助推转移就业 / 71

一、模式背景 / 71
二、模式概述 / 71
三、模式要点 / 72
四、实例点评 / 73

附　录 / 81

一、部分劳务输出工作示范县经验摘要 / 81
二、全国劳务输出工作示范县名录 / 108

综　述

当前，农民工就业依然面临巨大压力，农村劳动力转移就业工作任务依然十分繁重。据国家统计局统计，2009年前三季度，全国跨地区就业的农民工总量达到1.5亿人，加上留在农村的富余劳动力还有1.25亿人，农村富余劳动力转移就业面临巨大挑战。做好农村劳动力转移就业，既是当前紧迫而重要的工作，又是关系长远的战略任务。及时摸索、总结、提炼农村劳动力转移工作，特别是劳务输出地区的农村劳动力转移工作中的工作规律，将之上升到模式经验的层面，对于做好农村劳动力转移就业有着最直接、最现实的意义：既是贯彻中央经济工作会议和农村就业工作会议精神，千方百计促进农民多渠道就业的具体举措，同时也是推动积极的就业政策落实，保持就业局势稳定的具体举措。

近年来，全国各地在推动农村劳动力转移就业工作中，涌现出了一批工作突出、成效显著的县（市、区）。在此基础上，原劳动和社会保障部先后于2005年和2007年确定了两批共计110个“全国劳务输出工作示范县”，探索建立“培训、就业、维权”三位一体的劳务输出工作模式。按照工作要求，各示范县把劳务输出工作作为富民强县的战略措施，从实际出发，把握新形势，顺应新特点，在工作理念上不断创新，在政策完善上不断创新，在工作方法上不断创新，有力推动了劳务输出工作的健康发展，取得了良好的经济社会效益。使农村劳动力转移就业工作实现了“三个转变”：一是从以数量扩张为主，转变为数量和素质并重，强调素质就业；二是从以行政管理为主，转变为引导服务与市场监管并重，强调服务意识；三是从以劳务输出为主，转变为就地转移、返乡创业、劳务输出并重，强调自主创业。

同时，各劳务输出示范县逐渐形成了通过完善公共就业服务、强化职业技能培训、引导和扶持返乡创业等工作手段，大力促进农村劳动力转移就业的工作模式。按照部领导的指示精神，我们对此进行了总结和提炼，归纳出了公共就业服务促进转移就业、职业技能培训促进转移就业、返乡创业带动转移就业、就地就近就业带动转移就业、对口劳务协作带动转移就业、劳务品牌带动转移就业、劳务能人带动转移就业、小额担保贷款助推转移就业、维权保障助推转移就业等九大工作模式：

一、公共就业服务促进转移就业

开展公共就业服务，为农村劳动力转移就业搭建高效、优质和便捷的公共服务平台，是体现政府促进就业公益性职能的重要标志，也是推动农村劳动力转移就业重要手段和主渠道之一。经过二十多年的发展，公共就业服务制度已初步建立，覆盖城乡的公共就业服务网络已初步形成。各地立足人本精神，创造性开展公共就业服务工作，服务内容日益完善，服务形式日趋多样，在引导农村富余劳动力有序流动、推进城乡统筹就业等方面发挥了重要作用。我们将这种工作模式称为“公共就业服务促进转移就业”。在这个模式中，本书以辽宁省朝阳县和湖北省石首市为例进行了解析。

二、职业技能培训促进转移就业

职业技能培训是政府帮助农村劳动者转移就业最根本的措施。《就业促进法》确立了以就业前培训、在职培训、再就业培训和创业培训为系统的劳动者终身职业技能培训体系。一些县（市）加大财政资金对职业培训的投入力度，完善职业培训和技能鉴定补贴政策，将加快建立公共实训基地和加强对培训机构的引导支持相结合，充分调动各类培训机构的积极性，形成以市场需求为导向，适应城乡劳动者多层次需求的培训制度，促进了农村劳动力向二、三产业转移。我们把这种模式称为“职业技能培训促进转移就业”。在这个模式中，本书以甘肃省秦安县和浙江省磐安县的做法为例进行了解析。

三、返乡创业带动转移就业

据统计，一名回乡创业者每兴办一个企业可以带动7~8个人就业。近年来，一些地方把扶持农民工返乡创业纳入县域经济发展规划，建立相应的管理机制，出台了以小额担保贷款、税费减免、创业培训、市场准入、土地使用、开业指导、子女就读为主的一系列扶持创业的优惠政策，吸引了大量拥有资金、技术、信息和管理理念的“务工能人”回乡创业。不少回乡创业者所创办的企业，对当地劳动力的吸纳和辐射带动能力非常强，有效促进了农村劳动力的转移就业。我们把这种模式称为“返乡创业带动转移就业”。在这个模式中，本书以陕西省富平县和河南省嵩县的做法为例进行了解析。

四、就地就近就业带动转移就业

《就业促进法》明确规定：“县级以上地方人民政府推进小城镇建设和加快县域经济发展，引导农业富余劳动力就地就近转移就业。”近年来，一些传统劳务输出地区着眼于经济社会发展的新变化，及时转变思想观念，调整工作思路，广辟就业门路，明确提出就地转移、异地输出、返乡创业多路并举，积极引导广大农民就地转移就业。一些地方通过扶持特色产业，拉动农村劳动力就地转移；通过城乡基础设施建设带动相关产业发展，为农村富余劳动力就地转移提供大量就业机会。我们把这种模式称为“就地就近就业带动转移就业”。在这个模式中，本书以天津市武清区和贵州省罗甸县为例进行了解析。

五、对口劳务协作带动转移就业

推进农村劳动力跨地区就业工作，必须在输出地和输入地的对接上下工夫。现在，越来越多的地方党委、政府都认识到这一点，地区间的协作不断升温。由政府领导主持，输出输入地相关部门对口签约、有关市县对口签约、劳务输出服务组织与用人单位签订用工协议，对接协议的内容涉及输送和安置、维权和保障、培训和服务等等。通过地区间的劳务协作，农村劳动力转移就业由散兵游勇式的无序转移向政府牵线搭台的有序转移转变。我们把这种模式称为“对口劳务协作带动转移就业”。在这个模式中，本书以江苏省宿迁市宿豫区和云南省昌宁县的做法为例进行了解析。

六、劳务品牌带动转移就业

在激烈的劳务市场竞争中，做大做强劳务品牌对促进农村劳动力有序流动具有重要意义。各地十分重视劳务品牌的培育、宣传和推介，在“提高素质、加强管理、注重质量”上下工夫，已经涌现出了一批经过市场检验、能够在区域乃至全国都叫得响的品牌，有力推动农村劳动力转移就业工作迈上了新台阶。在过去的劳动力转移过程中，外出务工的盲目性和无序性，导致外出务工人员工作不稳定、收入无保障、合法权益难以得到维护。而有了技能、有了组织、有了自己的品牌，外出务工人员工作趋于稳定化，收入逐步提升。我们把这种模式称为“劳务品牌带动转移就业”。在这个模式中，本书以四川省苍溪县的“苍溪建工”品牌和河北省魏县的“实打实”品牌为例进行了解析。

七、劳务能人带动转移就业

通过劳务能人开展带动式输出，可以达到“一人外出带走一片，一人致富带动一方”的效果，可以提高劳务输出的规模和效益。“外出务工能人”和“劳务经纪人”联系市场紧密、获取信息快捷、组织灵活高效，他们对农民工输前提供信息、输中动员组织、输后跟踪服务，减少了农民工外出务工的盲目性，成为政府劳务输出工作中的“千里眼、顺风耳”，大大提高了劳务输出的规模和效益。我们把这种模式称为“劳务能人带动转移就业”。在这个模式中，本书以黑龙江省富裕县和宁夏回族自治区同心县的做法为例进行了解析。

八、小额担保贷款助推转移就业

小额担保贷款政策作为政府鼓励支持下岗失业人员自谋职业、自主创业的最直接、最有效的政策，很多地方已经将扶持对象扩大到进城务工农民等各类城乡劳动者。这些地方通过提供小额担保贷款等多种方式，加大资金扶持力度，有效破解了农村劳动力转移就业资金短缺这一难题，为广大农村富余劳动力转移就业开辟了广阔的天地。我们把这种模式称为“小额担保贷款助推转移就业”。在这个模式中，本书以吉林省舒兰市和青海省化隆县的做法为例进行了解析。

九、维权保障助推转移就业

维护农民工合法权益,创造平等公正的就业环境，是统筹城乡就业、构建社会主义和谐社会的必然要求。20世纪80年代中期以后，农村劳动力可以进城务工经商，但由于种种原因，他们在城市受到不少歧视，包括一些制度性歧视。近年来，这种状况发生了显著改变。各地清理了对农民工带有歧视性的政策法规，并着力推进体制改革和制度创新，逐步建立城乡统一的劳动力市场和公平竞争的就业制度，建立保障农民工合法权益的政策体系和执法监督机制等等，有效推动了农村劳动力转移就业。我们把这种模式称为“维权保障助推转移就业”。在这个模式中，本书以内蒙古自治区奈曼旗和重庆市巴南区的做法为例进行了解析。

对以上九种工作模式进行分析研究，将有力地提升农村劳动力转移就业的工作理念和内涵，极大地丰富农村劳动力转移就业工作的手段和方法，为做好农村劳动力转移就业工作积累宝贵的经验，为各地做好农村劳动力转移就业工作提供借鉴和指导，也会为我们做好下一步的工作提供思路和方向。

模式一：公共就业服务促进转移就业

一、模式背景

《就业促进法》规定，县级以上人民政府应建立健全公共就业服务体系，设立公共就业服务机构，为劳动者免费提供公共就业服务；同时明确了公共就业服务的基本制度、保障措施、具体任务和服务规范。经过20多年的发展，政府调控市场和促进就业的公共就业服务制度已初步建立，覆盖城乡的公共就业服务网络已初步形成，在统筹城乡就业，引导劳动力有序流动，维护劳动者合法权益，践行“劳动者自主择业、市场调节就业、政府促进就业”方针等方面发挥了重要作用。近年来，人力资源和社会保障部门还开展了春风行动、再就业援助月和农民工维权行动等一系列专项活动，通过改善就业环境、强化人本服务、落实农村劳动者进城就业政策，进一步促进了农村劳动力转移就业。特别是2008年以来，面对金融危机对就业的巨大冲击，公共就业服务为稳定就业局势发挥了无可替代的作用。

二、模式概述

公共就业服务 是指由政府出资，向劳动者提供的公益性就业服务。公共就业服务机构和公共就业服务体系由各级政府人力资源和社会保障部门统筹管理。公共就业服务具有四个基本要素：一是以促进就业为目的；二是以提供公益服务来定性；三是以服务公众职能为定位；四是以公共政策和公共财政为保障和支持。

公共就业服务促进转移就业 就是依托公共就业服务平台，发挥政府促进就业的主导作用。通过政策咨询、职业指导、职业培训、职业介绍，落实各项促进就业政策，开展各种专项就业服务活动等，为广大农村劳动者提供一系列公益性的就业服务，从而促进农村劳动力的顺利转移和稳定就业。

三、模式要点

（一）健全基层劳动保障平台。一是加强机构建设，乡镇应建立劳动保障管理所（站），村应有服务窗口并设立劳动保障协理员，为劳动保障工作和就业服务网络向农村延伸提供组织保障。二是加强信息化建设，建立覆盖城乡的公共就业服务网络，实现就业信息的联网和业务经办的信息化。三是加强专业化建设，推行劳动保障协理员业务培训和持证上岗制度，提升农村基层平台工作人员的素质和能力。四是加强制度建设，明确服务项目、服务内容、服务标准、服务流程，公布监督电话，建立和落实岗位责任制、首问责任制、服务承诺制和限时办结制。

（二）摸清农村劳动力底数。一是建立农村劳动力调查统计制度，依托乡镇、村劳动保障平台，摸清辖区农村劳动力资源状况，积累基础数据，为做好管理服务工作提供准确的信息。二是建立县、乡、村三级农村就业信息库，详细记录农村劳动者的年龄结构、就业愿望、技

能状况、就业去向、务工收入、从事行业（工种）等情况。三是实行动态管理，定期调查走访农户，掌握农村劳动者就业状况的变动情况，及时更新数据，确保资料的有效性。

（三）收集并发布就业信息。一是建立信息收集机制，广泛收集企业用工和工资价位等信息，了解用人单位的工作、生活环境和福利待遇等情况。二是建立信息甄别机制，对信息逐一核实，确保真实可靠，并分类整理，建立就业岗位信息库。三是建立信息发布机制，定期、定时、定点发布就业信息。利用农村劳动力春节前集中返乡、春节后集中外出以及农闲等时机，加大信息的发布量和发布频率。四是创新信息发布形式，通过广播、电视、报刊、专栏、网络，以及手机短信、编印资料等多种形式，拓宽农村劳动者获取信息的渠道。

（四）开展就业政策宣传咨询。一是明确宣传重点，在对象上突出广大农村劳动者和进城务工人员，提高宣传的针对性。在内容上贴近广大农村劳动者最关心、最现实的问题，如就业援助和权益保障政策、劳动安全知识和城市生活常识等内容。二是注重宣传实效，把握准确性和时效性，力争第一时间将重要政策法规告知广大农村劳动者，最大范围、最大限度地扩大劳动者的政策知晓度，提高政策的透明度。三是创新宣传形式，除了运用传统媒体宣传以外，还应采用群众喜闻乐见的形式和通俗易懂的语言，并可通过网络、短信和张贴宣传广告、发放宣传资料等多种形式进行宣传。

（五）强化基本公共就业服务。一是开展职业介绍，帮助求职者寻找适合自身条件的就业信息和用人单位，推荐求职者参加人力资源和社会保障等部门组织的各种招聘活动。二是开展职业指导，根据求职者自身条件和职业岗位要求，指导求职者正确树立择业观，帮助分析并合理选择职业方向，提出参加职业技能培训等建议。三是开展职业培训，依托培训机构，按照“实用性、针对性、有效性”的原则，为有就业愿望、有培训要求的农村劳动者提供适合自身特点和市场需求的技能培训和技能鉴定，并按规定给予补贴。四是开展劳务协作，加强与经济发达地区的横向联系，充分了解掌握输入、输出地人力资源市场供需情况和特点，搭建交流平台，开展交流活动。

（六）开展各种专项服务活动。一是根据国家和地方有关部门的专门部署，及时动员和组织有关各方积极行动，确保各项工作落到实处。二是根据本地实际，强化人本服务，研究制定具体方案，切实为广大劳动者提供全方位的就业服务。三是面对不同群体和对象的不同特点和要求，有针对性地组织开展春风行动、再就业援助月、举办大型专场招聘会等综合性服务活动。

（七）发挥工、青、妇等团体作用。一是加强协调配合，积极主动地与工、青、妇等团体和组织建立联系，争取配合支持。二是建立联动机制，定期沟通，研究分析不同类别农村劳动力的就业情况，提出具体工作措施。三是形成工作合力，发挥工、青、妇等团体和组织在各自工作领域的优势，有针对性地开展不同类别农村劳动力的就业援助工作。

四、实例点评

实例1

辽宁省朝阳县搭建信息平台推进劳务输出

近年来，朝阳县委、县政府着力搭建劳务输出信息平台，通过信息寻找市场，通过市场实现输出，通过输出促进劳务经济发展，形成了当地劳务输出工作的特色，输出总量逐年增加。截至2009年11月底，全县劳务输出14万余人，年劳务收入达8.5亿元，占农民总收入的30％。

一、构建县、乡、村三级组织网络体系

全县各乡镇都有一名副书记或副乡长主抓劳务输出工作。乡镇劳动保障机构基本实现了机构、人员、经费、场地、制度、工作“六个到位”。县劳动保障部门经统一招聘、考核、培训，为各乡镇配备了网络设备操作员，工资由县财政统一解决。各村劳动保障服务站设有一名劳动保障协理员，负责劳务输出和劳动保障工作，财政给予每人每月200元的补贴。全县基本形成了上下联动，高效快捷的县、乡、村三级组织网络体系。

二、加快信息网络“村村通”工程建设

为了尽快形成市、县、乡、村四级信息网络，更好地发挥信息平台对劳务输出的促进作用，自2007年开始，朝阳县加快了网络“村村通”工程建设。截至2009年11月底，全县28个乡镇的298个行政村，已有179个实现了联网，并计划两年内所有行政村实现联网，以形成上下互动，协调高效，覆盖城乡，数据向上集中，服务向下延伸的信息网络。为了解决“村

村通”工程的资金问题，该县采取了县里解决一点，乡里补助一点，村里自筹一点的办法。县财政还为所有村的网络租用和部分困难村的设备购置解决了资金问题。

三、提供就业信息和招聘洽谈服务

朝阳县在全国几个主要劳务输入城市分别设立了劳务办事处，负责收集当地劳动力市场和主要用人单位适合本县农村劳动力转移就业的信息。同时积极与外地就业服务机构开展对接，互相沟通，开展用工洽谈活动。近年来，多次邀请大连、沈阳等地的用人单位来本地参加洽谈活动，帮助求职者与用人单位开展“零距离”交流。2009年共举办各类外地企业招聘洽谈会12场，提供用工信息347条，就业岗位1.1万个，达成就业意向2 306人，有力推动了劳务输出工作。

点评：就业信息对处于市场经济条件下的农村劳动力外出务工就业至关重要，信息平台建设已成为推动农村劳动力转移就业的一项重要基础性工作。朝阳县通过实施“村村通”工程，构建了农村就业服务网络和信息平台，走出了一条通过信息寻找市场，通过市场实现输出，通过输出促进劳务经济发展的路子，增强了政府的主导作用和组织功能。

实例2

湖北省石首市加强基础工作推动转移就业

石首市地处鄂南湘北，虽跨长江却无交通便利，虽有山地却无矿藏资源，农村劳动力转移就业对促进经济发展和农民增收更具重要意义。几年来，石首市扎实做好各项基础性工作，走出了一条政府总揽、政策导向、服务带动的农村劳动力转移新路，累计转移农村劳动力16.9万人，占全县农村劳动力总量的64.5％，年创劳务收入逾40亿元。

一、明确工作目标

一是推行“四办合一”。按照“统一领导、分工运作、集中投入、分别考评”的原则，整合市劳务经济开发、统筹城乡就业、政府就业工作、农民工工作4个机构，统一归口劳动保障部门，统筹开展农村劳动力转移就业工作。二是列入“十件实事”。每年将农村劳动力转移就业工作列入“十件实事”，将各项任务分解落实到相关部门和乡镇，并签订目标责任书。实行每月一督办、每季一通报、半年一总结、每年一考评，并将考评结果作为单位评先和政绩考察的重要指标。三是落实专项经费。建立了以市级财政为主体、以乡镇财政为补充的资金投入机制，每年筹资600万元用于农村劳动力转移就业。还安排200万元专项资金，按300~1 500元不等的标准，由“技能就业计划”定点机构对贫困家庭农村新生劳动力开展技能助学。目前全市已累计投入资金1 600万元，其中募集资金370万元。

二、夯实工作基础

一是提供政策保障。制定印发了《统筹城乡就业试点工作方案》《关于大力发展劳务经济增加农民收入的意见》《关于进一步做好农村劳务经济开发的意见》《关于做好农民工工作的通知》《关于实施农村劳动力技能就业计划的通知》等文件，建立了较为完善的农村劳动力转移和劳务输出政策体系，做到了有工作目标、有资金保障、有督办机制、有考核标准。二是建立“岗位超市”。石首市鄂南人力资源市场配有日均可发布用工信息1 000多条、就业岗位1万多个的展台，吸引了深圳、东莞、厦门、杭州、苏州等地知名企业进场交流，已经成为辐射鄂南湘北地区的区域性市场和就业岗位年流量达300万个的“岗位超市”。市场设立了环卫、交通、城建等公益性岗位专区，就业困难人员可凭就业援助证明直接与用人单位签订用工协议。三是组织定点监测。2006年底，依托村级服务平台，建立了农村劳动力资源调查统计和定期报送制度。全市26.2万农村劳动力信息录入了计算机系统，实行了动态管理。2008年底，为及时监测金融危机对农民工就业的影响，又实行了周登记、月汇总、季分析和年报送制度。

三、提高服务质量

一是建立信息平台。石首电视台开辟了《就业在线》专栏，向农村劳动力发布就业信息，每天播出3次，每周更新一次。鄂南人力资源市场配置了4台与各乡镇和村级平台联网的查询触摸屏，求职者可在任意站点登录查询全市劳务输出信息。还与移动、联通等合作，采用手机短信的方式，将招聘活动、就业信息、培训信息免费向农村劳动者发送。二是实现村级联网。在基层劳动保障平台建设“六到位”的基础上，全面推行就业信息服务“村村通”工程。各村服务站均接通了宽带互联网，配备了照相打印设备，安装了人力资源管理服务系统“蓝酷软件”。全市共发放求职用工“一卡通”2.3万份。农村劳动者凭“一卡通”可在任何站点查询用工信息，使就业服务延伸到了农民家门口。

点评：农村劳动力转移就业工作是一项系统工程，离不开完善的工作体系和扎实的工作平台。石首市通过整合部门力量，夯实工作基础，建立了农村劳动力转移和劳务输出政策体系，做到了有工作目标、有资金保障、有督办机制、有考核标准，并加强就业服务信息化建设，走出了一条政府总揽、政策导向、服务带动的农村劳动力转移就业新路。

模式二：职业技能培训促进转移就业

一、模式背景

农村劳动力职业技能缺乏，是长期影响农村劳动力转移和稳定就业的一大因素。开展农村劳动力职业技能培训，提高外出务工人员的职业技能水平，增强其就业竞争能力，对于促进农村劳动力转移就业和增加农民收入，加快社会主义新农村建设，推进我国工业化进程和现代化建设具有重要意义。近年来，党中央、国务院和地方各级党委、政府高度重视农村劳动力培训，出台了一系列鼓励措施和优惠政策。人力资源社会保障等部门广泛实施了“特别职业培训计划”“阳光工程”“雨露计划”等实用技能和职业技能培训项目，并将农村劳动力培训纳入了政府补贴范围，取得了显著成效。

二、模式概述

职业技能培训 是指根据职业技能标准和职业要求，针对有劳动能力的劳动者获得从事某种职业和做好工作必须具备的专业知识、操作技能和职业道德、职业纪律而开展的教育训练。

职业技能培训促进转移就业 就是对有转移就业愿望，但缺乏就业技能的农村劳动者，开展以转移就业为目的的职业技能培训。使农村劳动者掌握一定的就业技能，适应转移就业的需要，从而促进农村劳动力的顺利转移和稳定就业。

三、模式要点

（一）制定培训规划。一是根据当地农村劳动力资源状况和产业特点，制定培训规划，明确培训方向，落实培训措施，规范培训管理。二是建立人力资源、农业、教育、财政等部门组成的协调领导机构。三是将农村劳动力职业技能培训纳入各级政府重要工作内容，实行年度目标责任考核。

（二）统筹培训资源。一是整合教育培训资源，充分发挥各级各类职业院校、技工学校以及民办培训机构的作用，形成社会化、专业化的职业技能培训网络。二是加强示范培训基地建设，有计划、有步骤地改善和提升办学条件，建设一批具有示范性和带动作用的培训基地和实训基地。三是加强基层培训机构建设，提高培训质量和培训能力，满足农村劳动力就近就地参加培训的要求。

（三）开展分类培训。一是针对未升学的农村初高中毕业生，开展1~3年的技工学校、职业学校教育或职业技能培训，并取得初、中级以上职业资格，促进其顺利就业。二是针对农村青壮年劳动力和被征地农民，开展中短期的单项职业能力或初级技能培训，促进其转移就业。三是针对有创业愿望的农村劳动力和返乡农民工开展创业知识培训，促进其成功创业。四是针对在岗农民工开展技能提升培训，促进其稳定就业。

（四）创新培训方式。一是认真指导各级各类教育培训机构开展定向培养和“订单”培训，提高培训的针对性。二是积极开展校企合作，统筹利用学校的教学资源和企业的实训资源，根据企业用工需求，强化实际操作训练，提高培训的实用性。三是大力推行培训机构与乡村联合培训和送培训下乡等模式，方便农村劳动力就地就近参加培训，降低参加培训的成本。四是引导鼓励企业充分利用现有场地、设备和人才、技术，有计划地开展农民工岗位技能培训。

（五）规范培训管理。一是按照公开、公平、公正的原则，实行培训机构定点的社会化和动态管理，定期公布定点培训机构名称，以及培训专业、培训任务、培训时间、补贴标准、就业方向等。二是制定统一规范的培训业务规程，以及培训台账和就业台账，实现培训管理的制度化和规范化。三是建立日常监管制度、培训考核制度、成果验收制度和资金管理制度，以及职业培训信息管理系统，实行全程监督管理。

（六）加大培训投入。一是用足用好国家补助资金，统筹安排人力资源、农业、扶贫等国家有关部门投入的培训资金，最大限度地发挥政府培训资金的效应。二是加大地方各级财政投入，省、市、县各级应重视政府培训资金的带动作用，足额安排并不断增加地方培训资金的投入。三是建立多元化的资金筹措机制，拓宽培训资金筹措渠道，引导鼓励社会各界支持培训，监督指导企业按规定提取和用好职工培训经费。

四、实例点评

实例1

甘肃省秦安县创新思路做好农民工培训工作

秦安县委、县政府高度重视农村劳动力培训工作，成立了由县领导挂帅，劳动保障、财政等22个部门组成的农村劳动力培训领导小组，建立了考核奖惩机制，实施了一套系统培训工程，取得了良好的经济效益和社会效益。

一、在培训组织上做到三个贴近

一是培训内容贴近市场。根据市场对专业技术人员的旺盛需求，开设了电子、数控、机电一体化等专业的中长期培训班。培训对象主要为初高中毕业生，年培训3 000人左右，就业率达95％。对于市场需求量大但技术要求不高的普通专业，开设了学制为20天的短期培训班。培训对象主要为年龄较大的农村劳动力，并使用农民一看就懂、一学就会的“乡土”教材，年培训2万多人，就业率达100％。二是培训地点贴近基层。根据农民居住分散、集中比较困难、培训成本较高的实际，把培训网络向基层延伸，认定了一批乡镇培训机构，将培训送到田间地头。开展了工艺制作、种植养殖等农村实用技术培训，年培训1万多人，收到了明显提升农业效益的良好效果。三是培训时间贴近实际。抓住春节期间务工人员返乡和农闲时机，将有培训愿望的农村劳动力组织起来，先由乡镇培训，后由县里集中统一培训，经技能鉴定合格后输送到县外用人单位就业。

二、在培训方式上推行四种模式

一是“订单培训”。多次组织人员赴长三角、珠三角、闽南等地区实地考察，签订用工协议。同时将任务分解落实到乡镇和培训机构，由各乡镇开展农民的培训需求和就业意向调查，由培训机构开展订单培训。培训时间根据不同专业和要求，分为短期培训20~30天、中期培训1~3个月、长期培训1~2年，培训结业人员定向就业。二是“校企联办”。企业根据用工需要和工作要求，参与培训机构的教学计划制定。培训机构根据双方制定的教学计划实施培训，企业派出人员传授专业（工种）重点和难点方面的知识技能。学员完成理论学习后，进入企业进行实际操作训练。三是“流动培训”。派出人员深入中心乡镇和重点村组，开展有关新农村建设、法律法规、务工常识、维权知识和实用技术等方面的短期流动培训。四是“项目培训”。每年大规模、高层次地开展“大地湾建筑工”“娲乡家政妹”“成纪服务员”“秦安名厨师”四大劳务品牌培训，培训合格率达98％以上。培训结业人员全部实现就业，月工资均在1 500元以上，较好地发挥了劳务品牌效应。

三、在培训服务上坚持三个结合

一是培训与劳动力储备相结合。针对全县每年有6 000多名初高中毕业生成为新生劳动力的实际，积极宣传动员，引导毕业生转入县职教中心进行

1~2年的职业技术培训，并对培训合格的毕业生登记造册，建立档案，为用人单位做好劳动力储备。二是培训与技能鉴定相结合。对培训合格学员，根据不同行业、不同工种、不同岗位，按照国家职业标准，开展职业技能鉴定，颁发职业资格证书，为实现就业创造有利条件。三是培训与品牌培育相结合。坚持一手抓培训、一手抓品牌，在着力培育四大劳务品牌的同时，聘请民间有传统技能的能工巧匠为教师，在村组开展特色技能和地方工艺培训，又初步形成了以“王尹工艺草编团”“莲花砖瓦制作工”“五营药材贩运员”“千户足疗师”等为代表的一乡一品、一村一业的地方特色劳务品牌。

点评：没有农村劳动力的大量转移，就不可能实现农民收入的较快增长；没有农村劳动力素质的有效提高，就难以推进农村劳动力转移就业，因此，职业技能培训具有十分重要的作用。而如何创新培训，充分发挥培训的作用更是一个必须认真思考的问题。秦安县培训工作的突出特点，就是在培训组织上做到了三个贴近，在培训方式上推行了四种模式，在培训服务上坚持了三个结合，突出了培训的本质要求，较好地体现了培训为农民服务、培训为就业服务的宗旨，值得学习和借鉴。

实例2

浙江省磐安县积极探索农民培训新模式

磐安县地处浙中腹地，是个“九山半水半分田”，经济在全省属于相对欠发达的山区农业县。2005年以来，该县因地制宜，注重实效，积极探索农民培训新模式，有力推进了“梯度转移”。全县形成了农村劳动力效益农业、来料加工、劳务输出“三三制”就业格局。

一、“外请”和“送培”相结合

磐安是全国著名的“香菇之乡”“药材之乡”“茶叶之乡”。县劳动保障部门围绕相关产业，采取了“外请”和“送培”相结合的方式开展农民培训。“外请”，就是邀请外地专家来磐安传授技能，开展培训。2005年以来，先后邀请浙江林学院的专家教授来磐安举办了多期食用菌栽培技术培训班，为食用菌种植大户培训了技能人才200多名；邀请省特派科技员来茶叶产区巡回授课，为茶叶加工户传授制茶技能。“送培”，就是输送学员到相关生产企业实地培训。针对本县一些专业（工种）培训能力的不足，组织了315名农村劳动力赴杭州、萧山、永康等职业技术院校，参加数控机床、车工、餐厅服务等技能培训；针对就业弱势群体中的农村妇女，选送了两批共60人去北京参加“月嫂”培训班；结合产业特点，选送了56名学员去浙江中医学院、中国茶叶研究所等单位，参加中药材种植技术、茶文化与营销策略等技能培训，取得了较好的效果。

二、以创业培训促进就业

2009年以来，县劳动保障部门抓住打造“山水磐安，休闲养身好地方”旅游品牌的有利时机，结合新开发的旅游项目，邀请了浙江旅游职业学院餐厅服务、客房服务、中式烹调等专业的副教授和高级技师，以及金华烹调协会高级营养师来磐安，开展了经营理念、经营技能等农家乐创业培训。目前全县已创办农家乐502家，带动了3 000余名农村劳动力就地就近就业。

磐安县还根据当前电子商务发展的需求，精心组织开展了网上经营创业培训，开设了网络商店与经营专业，传授网上经营理念与技巧，帮助学员掌握售前售后服务、网店图片拍摄及处理，以及进货渠道的安全、商品的选择等技能。邀请创业指导师和电子商务、网店设计等专业教师授课，取得了热烈反响。截至2009年底，已组织培训3期，培训学员227人。其中156名学员成功创办了网店、个人营销网站和实体店铺，为开辟新的就业渠道发挥了积极作用。

三、推进培训“校企联姻”

为提高培训实效，磐安县进一步优化培训体系，强化理论培训与实践操作的结合，大力推进培训的“校企联姻”模式。先后在企业建立了4个培训见习基地，每年安排大中专毕业生和技校生到企业进行实地培训。截至2009年底，先后有会计、企业管理、营销3个专业的165名学员进行了实习。此外，磐安县还加强了培训学校与企业的合作，根据企业用工需求，进行点题式培训。当地许多圣诞礼品加工和服装生产企业电动缝纫工严重缺乏，磐安县根据企业需求，以车间作为培训实训基地，组织了电动缝纫工免费技能培训。对参加培训的学员不仅免除所有费用，还对结业后在企业就业的人员给予每人800元的培训补贴。几年来，共组织电动缝纫工培训80余期，培训2 652人次。利用这一方式，还先后培训水电运行工、电工、焊工、钳工、架子工、幼师等2 354人次。

点评：培训质量是培训的生命。因地制宜，注重实效是磐安县农村劳动力培训的突出特点。在培训目标方面，无论是职业技能培训、实用技术培训，还是创业培训，都紧紧围绕市场需求和农民愿望，较好地做到了培训为经济发展服务、为促进就业服务。在培训形式方面，不仅外请专家来本地传授技能，向外输送学员接受高水平培训，还在企业建立培训见习基地，组织学员到车间接受现场培训。从而拓宽了就业领域和渠道，有力推进了“梯度转移”，形成了当地农村劳动力效益农业、来料加工、劳务输出的“三三制”就业格局。

模式三：返乡创业带动转移就业

一、模式背景

随着县域经济发展和小城镇建设战略的推进，以及沿海发达地区劳动密集型产业转移步伐的加快，欠发达地区发展机遇不断增加，发展环境逐步改善，一些劳务输出地区出现了农民工返乡创业的热潮，农村劳动力转移进入了一个新的发展阶段。据有关调查，一名返乡创业者每兴办一个企业，平均可带动7~8人就业。若按目前全国近500万返乡创业者测算，即可实现3 000多万农村劳动力就地就近转移就业。近年来，许多劳务输出地政府对农民工返乡创业现象非常重视，纷纷开展和大力推进“引凤筑巢”等返乡创业工程，鼓励扶持农民工返乡创办企业或从事个体经营。各地通过放宽创业政策，优化创业环境，完善创业机制，制定鼓励措施，落实工作责任，建立全方位的创业服务体系，切实解决创业过程中普遍遇到的资金、场地、技术、人才、服务等问题，保护和调动了农民工返乡创业的积极性，为农村劳动力转移就业开辟了新的渠道，同时也为欠发达地区县域经济和社会发展注入了新的活力。

二、模式概述

农民工返乡创业 是指一部分农村劳动力通过一段时间的外出就业，增长了见识，转变了观念，利用积累的知识、技能、资金、信息，返回家乡从事创办企业，发展工商服务业，投资商品性农业等生产经营活动。

返乡创业带动转移就业 就是外出就业的农村劳动力在优惠政策的引导鼓励下返回家乡创业，在自身步入转移就业新阶段的同时，还为家乡创造了一定的就业岗位，吸纳和带动了当地农村劳动力就地就近向二、三产业转移。这也是近年来农村劳动力转移就业出现的一种新形式和新途径。

三、模式要点

（一）优化创业环境。一是出台优惠政策，在资金、用地、税费等方面为返乡创业企业提供扶持，切实解决农民工返乡创业过程中普遍存在的资金、场地、技术、人才、服务等问题。二是放宽准入条件，凡是国家法律、法规未禁止的行业和领域，地方政府和部门不得自行设置限制条件。三是强化服务意识，简化审批程序，提高办事效率，推行联合审批和一站式服务。四是规范市场秩序，清理取消针对企业的乱收费、乱罚款、乱摊派，以及各种营利性的检查评比活动。五是发展服务机构，依托科研机构和高等院校，鼓励行业协会和商会等组织，为农民工返乡创业提供技术和信息、市场开发和信贷咨询等服务。

（二）提供金融支持。一是加大金融政策对农民工返乡创业的扶持力度，通过小额担保贷款，解决农民工返乡创业资金缺少、融资困难、利率较高等难题。二是推进村镇银行试点工作和新型农村金融组织发展，发挥农村信用社的作用，为农民工返乡创业服务。三是放宽小额担保贷款条件，降低反担保门槛和贷款抵（质）押标准，对有市场、有效益、有技术、有前途的创业项目可适当提高贷款额度和贷款期限。四是积极提供财政支持，有条件的地方可设立扶持农民工返乡创业专项基金，用于农民工返乡创业的担保资金、贷款贴息、创业培训等。

（三）打造创业平台。一是充分利用现有创业园区、各类批发市场、商业街、商贸城等，为农民工返乡创业提供场所。二是大力推进创业基地建设，引导资金、技术、人才等生产要素向创业基地汇集，发挥创业基地的示范带动作用。三是妥善解决创业用地问题，合理利用闲置土地、厂房、农村撤并闲置校舍和镇村边角地、荒山、荒滩等创业。对创业成功并符合产业政策和建设规划要求的项目，要妥善解决好长期投资和规模用地问题。

（四）强化创业培训。一是建好培训基地，充实培训师资，精选培训教材，优化培训方案，提高培训能力。二是建立培训制度，完善培训环节，对返乡创业人员开展免费创业培训。三是根据不同创业群体的创业需求，严格按照SYB、SIYB等教学模式的标准和要求组织教学，分门别类地开展不同类型的培训。四是结合创业过程实际，组织专家现场指导，提供后续跟踪服务，提高创业培训实效。

（五）加强宣传引导。一是利用广播、电视、报刊、网络等媒体，广泛深入宣传创业扶持政策，宣传好典型、好经验，为农民工返乡创业创造良好的舆论环境。二是开展评比和表彰先进工作，发挥先进典型的示范引导作用，增强创业者的成就感和荣誉感，激励更多的农民工返乡创业。三是发挥新闻媒体的舆论

监督作用，维护返乡创业者和所创办企业的合法权益，形成全社会关心支持农民工返乡创业的良好氛围。

四、实例点评

实例1

陕西省富平县完善创业服务推动创业热潮

富平县位于陕西省关中平原北部。2008年以来，受金融危机影响，农民工大量返乡。县委、县政府经过认真调查研究，将扶持农民工返乡创业摆上了与劳务输出、招商引资同等重要的位置，纳入了县域经济发展规划，建立了相应的管理机制，提供了良好的创业环境。2009年底，全县返乡创业人员达1 218人，创办初具规模的经济实体583家，带动就业2 860人，年创经济收入达1.1亿元。

一、完善政策扶持，搭建创业平台

针对返乡农民工创业中面临的实际问题，富平县制定印发了《鼓励在外务工经商人员返乡创业的意见（试行）》，出台了以小额担保贷款、税费减免、创业培训、市场准入、土地使用、开业指导、子女就学为主的一系列扶持创业政策，并指导各地着力抓好四方面政策的落实与完善：一是放宽市场准入。除法律法规禁止的行业以外，最大限度地向返乡农民工开放投资创业领域，充分利用丰富的劳动力资源优势，加快发展民间传统手工艺和编制业、石刻业、种植业、养殖业，大力发展建材、食品加工、花炮生产等劳动密集型企业。二是优化管理服务。工商、税务等部门常年为返乡农民工创业开辟“绿色通道”，坚持手续从简、收费从低、办事从快、服务从优的原则，免收各种注册登记费及工商行政管理费。三是强化政策扶持。创立“两

园一区”，即庄里工业园、华朱特色农业科技园、南韩创业区，为农民工返乡创业提供土地、门店等优惠政策。四是拓宽融资渠道。全县金融部门积极推动金融产品和金融服务方式的创新，建立健全创业投资机制。同时，县下岗失业人员小额贷款担保中心参照有关规定，简化审批程序，提高贷款额度，放宽贷款期限，尽力为返乡创业农民工提供小额担保贷款支持。已累计发放小额贷款315笔，金额达1 220万元。不仅有效解决了返乡农民工创业过程中遇到的困难和问题，而且吸引了大量拥有资金、技术、信息和管理理念的“务工能人”返乡创业，成为带动县域经济发展的新亮点。

二、建立联动机制，优化创业服务

县劳动就业服务局、妇联、团委分别成立了三个返乡农民工创业就业指导中心，定期组织召开由县委、县政府主要领导、劳动、工商、税务、土地、金融、城建等部门和返乡创业农民工代表参加的座谈会。认真听取各方面的意见和建议，采取现场办公等方式，及时协调解决农民工创业过程中遇到的土地、水电、资金等问题。建立了由创业成功人士、专家学者和政府工作人员组成的创业服务专家队伍，围绕政策咨询、创业培训、专家评析、项目推荐、创业孵化、融资服务、开业指导和跟踪服务八个方面内容，为返乡创业农民工提供“全方位”服务。

三、强化创业培训，提高创业能力

县劳动就业服务局、妇联、团委还分别成立了三个返乡农民工创业就业培训基地，为创业者提供创业培训、开业指导、项目开发、贷款担保、跟踪扶持等“一条龙”服务。已举办返乡农民工创业培训班30期，学员750人。培训课程严格按照SYB、SIYB教学模式的要求和标准，对学员进行全面了解和需求分析，并邀请成功创业的企业家授课，以亲身经历现身说法。还不定期地组织创业人员到周边县（市）观摩学习创业经验，将理论知识与创业案例相结合，极大地鼓舞了学员的创业热情。另外还通过县电视台举办了《全民创业知识讲座》10期。

四、树立创业典型，掀起创业热潮

县电视台对返乡创业成功典型开展了专访，精心制作了《创业精英谈创业》的长年节目。县广电局还编辑、出版了宣传富平县农民工返乡创业典型的纪实书籍《在路上……》，并由县委、县政府、县人大、县政协等领导题字。创业者典型事迹的广泛宣传赢得了热烈反响，得到了社会各界的好评，极大地鼓舞了返乡农民工创业的热情和信心。

点评：政府重视、支持和引导，是推动农民工返乡创业的关键。富平县农民工返乡创业能够顺利开展并取得明显成效，主要是由于当地政府高度重视，把扶持农民工返乡创业摆上了重要位置，纳入了县域经济发展规划，建立健全了相关政策机制。在创业培训、创业指导、创业服务等各个环节，扎实、有效地开展工作，切实解决了创业过程中的市场准入、土地使用、小额贷款、税费减免等一系列实际困难和问题。同时发挥舆论宣传的作用，广泛宣传政策和典型，为农民工返乡创业营造了良好氛围和社会环境。

实例2

河南省嵩县打造创业平台点燃创业引擎

嵩县地处豫西山区，有农村劳动力34万，劳动力资源十分丰富。2008年下半年以来，为应对国际金融危机，嵩县在做好劳务输出工作的同时，积极推进农民工返乡创业活动，以优惠的政策、优质的培训、优良的服务，营造了良好的创业环境，取得了明显成效。

一、打造政策服务平台，搭建创业桥梁

一是放宽工商、税务登记条件，精简审批手续。对农民工返乡投资创办企业的，给予招商引资相同的优惠政策。对相关税费能缓缴的缓缴，能减免的减免，能给予补贴的尽量给予补贴。二是在县城产业集聚区和各乡镇开辟创业孵化园区，为初创企业提供经营场地。县、乡政府对创业项目用地采用统一征用，以挂牌出让的方式供地，并在国家政策允许前提下给予最大的价格优惠。对于需要多部门审批的手续，一律进入一站式审批轨道。2009年以来，全县共开辟农民工创业园区17个，审批创业场地300个。三是对返乡投资创业人员，政治上给地位，政策上给优惠，资金上给扶持，社会上给荣誉。每年推选数家企业授予“创业明星”奖，对业绩显著、贡献突出的创业者授予“创业之星”荣誉称号。四是进一步发挥投资环境“110”作用，严肃查处干扰破坏项目建设行为，做到“有诉必接、有案必立、有查必果”，全力打造良好的创业环境。五是以亲情、乡情、友情为纽带，以血缘、业缘、地缘为基础，加强与在外务工人员的交流。通过联谊会、座谈会等方式，使在外务工人员及时了解家乡的发展变化和鼓励创业的优惠政策，激发创业热情，积极返乡创业。

二、打造创业培训平台，提升创业能力

一是对有创业愿望并具备一定创业条件的返乡农民工，开展针对性的免费培训。邀请成功的企业家和经营能手，以自身经验提供有益的指导和帮助。2009年以来，全县共免费培训8 240人，累计发放培训补贴1 600万元。二是抓好未就业大学生的创业培训，实施“典型带动，结对帮扶”行动。各村划定了大学生创业示范园区，强化服务，帮助大学生创业者选择好的项目，提高管理技术，增强创业能力。还筹措大学生创业扶持基金250万元，并协调县小额贷款中心、农村信用社等单位提供无息贷款。重点扶持科技含量高、市场前景好、致富能力强的项目和大学生创业。目前全县参与创业的大学生共有86名，成立创业团队12个。已谋划、论证创业项目71个，启动实

施25个，带动300多名群众走上了致富之路。三是结合本地特色产业发展，培训旅游配套服务和种植、养殖人员。目前全县共有7 268名创业者经营家庭宾馆或从事种植、养殖行业，人均年收入可达8 000元左右。2009年上半年，又通过就业训练中心等十余家定点培训机构，先后为超市等企业培训各类技术型、管理型、服务型、销售型专业人员1 320余名，进一步增强了全县的旅游服务能力。四是开展境外务工人员回国创业技能培训。针对境外务工回国人员积累了一定财富，有强烈的创业愿望，但缺乏创业技能的实际，县劳动保障部门加强了创业技能培训。目前全县出国务工返乡人员共创办企业270家，投入资金5 300万元，年创经济效益600余万元。

三、打造资金扶持平台，打通创业瓶颈

一是在县小额贷款担保中心、农村信用联社、邮政银行等金融机构设立咨询服务台或联系电话，为创业人员申请贷款提供相关政策的咨询服务。二是为方便创业人员获得贷款，灵活运用政策，扩大担保范围，在原来的公职人员担保、质押担保、抵押担保三种方式基础上，又增加了商户联保、五户联保两种方式，有效解决了创业人员贷款的担保抵押问题。三是加大资金扶持力度，组织县信用联社、邮政银行等金融部门发放创业培训后的扶持资金2 500万元，有力促进了创业工作开展。

点评：营造良好的创业环境是返乡农民工成功创业的重要保障，嵩县有四个方面值得学习和借鉴：一是创业政策实。对返乡投资创业人员，政治上给地位、政策上给优惠、资金上给扶持、社会上给荣誉。二是创业平台多。全县打造了为创业服务的政策平台、培训平台、资金平台，开辟了农民工创业园区。三是创业培训广。针对返乡农民工、未就业大学生、境外就业归国人员等群体，开展了多种形式的创业培训。四是创业贷款易。灵活运用政策，扩大担保范围，有效解决了创业人员的贷款难问题。

模式四：就地就近就业带动转移就业

一、模式背景

改革开放以来我国经济社会的快速发展，产业结构的不断调整，逐步改变了广大农村地区长期以农业为主的传统面貌。东部沿海发达地区依托乡镇企业、民营经济、县域经济的蓬勃发展，创造了大量就业岗位，率先就地就近转移了大量农村劳动力。近年来，随着中西部大开发和区域经济协调发展战略的深入推进，生产要素加快向欠发达地区流动，不仅促进了传统劳务输出地区产业结构的调整，同时也开辟了农村劳动力转移的新渠道。各地调整工作思路，抓住有利时机，在承接产业转移，发展地方经济的同时，积极引导农村劳动力就地就近转移，取得了明显成效。据国家统计局抽样调查，截至2008年底，全国已有8 500万农村劳动力实现就地就近转移，占转移总量的37.8％。农村劳动力就地就近转移，不仅有效缓解了农村人口的大量流动对城市建设和社会管理造成的过大压力，而且促进了人力资源的合理配置，加快了县域经济和欠发达地区经济社会的全面发展，有利于稳定农村社区结构，健全农村基层组织，促进社会主义新农村建设。同时，又有路途近、成本低、风险小的优势。既使农民能够兼顾农业和照顾家庭，又使一部分不具备外出务工条件的农村困难群体能够通过就地务工增加收入。因此，农村劳动力就地就近转移，是未来我国农村劳动力转移的主要渠道和方式之一，具有重要的现实意义和长远意义。

二、模式概述

就地就近就业　是指农村劳动力在户籍所在地乡镇范围内就业，或者离开户籍所在地乡镇，在周边就业但仍回家居住，全年累计时间在6个月以上，且以务工收入为要主要收入来源的转移就业形式。

就地就近就业带动转移就业　是指农村劳动力在当地县域经济快速发展，创造了大量就业岗位基础上，以“离土不离乡”的形式，踊跃转向本地非农产业就业。同时带动了一部分不具备常年外出务工条件的农村劳动力和困难群体，利用路途近、成本低、风险小的优势在本地顺利实现转移就业，有效提高了农村劳动力转移的规模和就业的稳定性。

三、模式要点

（一）根据经济发展提前制订计划。一是全面掌握本地当前和今后一段时期经济发展目标和产业发展规划，以及对劳动力数量、结构、素质等需求情况，结合本地劳动力现状，提前制定农村劳动力资源开发计划。二是根据农村劳动力资源开发计划和本地职业培训资源情况，制定农村劳动力职业培训规划，有计划、有目标地开展职业技能培训，提前做好劳动力资源的储备。三是根据农村劳动力就地就近转移规模不断扩大的实际，制定本地劳动保障事业发展计划，尽快完善就业服务、用工管理、社会保险等政策体系，建好各类管理服务平台和信息网络。

（二）城乡兼顾开发本地就业岗位。一是开发工业园区就业岗位，依托县级工业园、乡镇工业区、村级工业点，引导农村劳动力进入企业就业。二是采取“企业+农户”的形式，发展来料生产、来样定做、来件装配和农副产品加工，引导农村劳动力居家就业、灵活就业。三是开发商业和服务行业岗位，引导农村劳动力从事食品加工、宾馆餐饮、批发零售、家政服务等商业和服务行业，支持农民开办“农家乐”等乡村旅游和休闲观光项目。四是结合农村基础设施和民生工程建设，组织农村劳动力参加河塘疏浚、村容整治、乡村公路等建设项目。五是开发农业内部就业岗位。充分利用农业产业化迅速推进的有利时机，引导农民依法、自愿、有偿流转土地，实现从传统农业向高效农业的转变。鼓励农民从事农产品加工、流通、储运等行业，拉长农业产业链，挖掘农业内部就业空间。扶持农民专业合作组织和农业龙头企业发展，提高农业内部转移的组织化程度，实现从传统农民向农业工人的转变。

（三）延伸职能加强农村就业服务。一是按照“城乡一体、平台到村、联系到户、服务到人”的要求，抓好乡镇、村的公共就业服务平台建设，确保用工信息的畅通和管理服务的到位。二是开展农村劳动力就地就近转移调查，建立健全相关基础台账，掌握农民就地就近转移的就业愿望和培训需求。及时提供政策咨询和传递发布用工信息，促进本地企业用工需求和本地劳动力资源的有效对接。三是建立农村就业困难人员就业援助制度，运用就业援助政策，大力开发本地企事业单位的保洁、保绿、保安以及公路养护、河塘管护等公益性岗位，促进农村就业困难人员就业。

四、实例点评

实例1

天津市武清区依托地域经济发展转移农村劳动力

武清区是个地处京津两大都市之间的农业大区，农村人口占84%，农村富余劳动力达22万人。近年来，区委、区政府以发展地域特色经济为契机，大力促进农村劳动力的就近就地转移，取得了显著成效。截至2009年10月，全区已就地就近转移农村劳动力17.45万人。

一、发挥产业优势转移劳动力

武清区通过政府扶持、政策引导、市场运作，形成了自行车、地毯、绢花三大传统优势产业，其中自行车和地毯产量分别占全国的10%，地毯出口量占全国的40%。区人力资源社会保障部门紧紧抓住三大劳动密集型产业吸纳就业能力强的优势，做足做好农村劳动力就地就近转移就业这篇文章。一是做好基础工作，完善了区、乡镇（街道）、村三级劳动保障平台，建立了劳动力资源和企业用工岗位数据库，为做好农村劳动力转移就业工作打下基础。二是发挥平台作用，通过发布岗位信息、开展职业指导、就近组织现场招聘会等形式，促进农村劳动力就地就近转移。三是加大培训力度，针对三大产业的用工需求和技能要求，建立了电气焊、叉车、电工等培训基地，实行了“订单式”培训，促进了供求的有效对接。两年来，全区共有5 000多名农村劳动力参加了各类技能培训，发放培训补贴达300多万元，转移农村劳动力4.7万人。

二、利用投资项目转移劳动力

武清区地处京津之间，海上、空中、陆路交通十分便捷。依托独特的区位优势和现代化的交通条件，众多投资项目纷纷落户。仅2009年就吸引大的投资项目51个，总投资额达1 150亿元。区人力资源社会保障部门为了利用投资项目拉动就业，从两方面采取了措施：一是加大岗位开发力度，与有关部门建立了信息共享机制，定期沟通项目立项、工程进展、企业用工等情况，并分类筛选，向社会发布项目用工信息。二是加强与项目的对接，做到三个及时介入：立项后及时了解用工需求，动工后及时开展定向培训，竣工后及时输送合格人才。目前，区人力资源社会保障部门与华北工业原料城、自行车王国、北方涂料基地等14个重大项目实现了对接，开发就业岗位5 000余个。向天狮西格物业、亿吉埃公司、马克菲尔公司、北方涂料基地等用人单位推荐农村劳动力就业1 730人。

三、发展现代农业吸纳劳动力

武清区围绕当地农业服务京津两地的策略，大力推进现代农业发展。对从事农产品深加工的乡镇中小企业在资金、项目、场地、税收等方面进行扶持，建立了一批农业产业化基地，形成了蔬菜、花卉、养牛、水产等特色产业，为吸纳更多农村劳动力就业创造了条件。区人力资源社会保障部门从促进农村劳动力的充分就业，有效增加农民收入出发，充分发挥三级基层平台的作用，全区已对1.5万农村劳动力开展了就业指导和岗前培训，有近万人进入农产品深加工企业就业。

点评：以城带乡、以工促农，不仅能使城郊结合地区的农民收入明显增加，也是就地就近转移农村劳动力的有效途径。天津市武清区充分发挥毗邻京津两大直辖市的区位优势，在打造特色产业，发展地域经济的同时，综合运用就业指导、技能培训等就业服务手段，积极开发农村劳动力资源；并结

合实际，主动采取了“三个及时介入”等工作方法，做到了项目与岗位开发对接、信息与用工需求对接，取得了明显成效，为就地就近转移农村劳动力提供了学习和借鉴的经验。

实例2

贵州省罗甸县积极整合土地资源促进就地就业

罗甸县抓住农业经济实现全面规模化和产业化发展的大好时机，积极探索整合农村土地资源，推进农业产业化发展，开辟了一条农村劳动力就地就近转移就业的新渠道。

一、出台优惠政策

该县出台了《关于做好返乡农民工再就业工作的通知》等一系列优惠政策，坚持降低门槛、放开限制、减少干扰、一切从快从优从好的原则，在税收减免、信贷贴息、土地使用、厂房租赁、注册办证费等方面给予最大优惠；并对单位和个人土地流转面积200亩以上用于蔬菜种植的给予1万~2万元奖励，同时落实帮扶措施，在水、电、交通、通讯等基础设施方面实行跟踪服务，为创业者搭建施展才华的舞台。

二、加大技能培训

该县涉农部门整合利用各种培训资金，免费开展有针对性的技能就业培训，提升农民工素质，增强择业能力和就业本领。对愿意从事农业生产的，积极开展农业技能培训，为当地农业产业化发展提供技术服务；对有市场意识，懂管理、擅经营，且有主动创业意愿的返乡农民工，则根据其创业意愿和市场需求，通过雨露计划、职校短期培训、进村入户实地培训等方式开展创业培训，培育了一批新的种植、养殖能手、科技示范户和创业能手。仅在沫阳、逢亭、董当等乡镇，就有600余名返乡农民工重新走进田间地头，成为蔬菜种植能手。

三、整合土地资源

该县充分利用闲置和粗放种植的土地，整合资源，实施合作社产业化经营的模式，实行连片发展，为返乡农民工就地创业提供门路。在运作过程中，为了解决社员启动资金不足、零散经营、销售被动等问题，合作社确立了“五个统一”的基本模式，即统一贷款的组织协调、统一农资购买、统一技术服务指导、统一组织销售、统一资金结算和利益分配。在这种模式运行下，合作社把分散的农户组织起来，形成一个利益共同体“抱团闯天下”，有效规避了市场风险，实现了以富带穷、以强带弱、共同发展、共同富裕。例如罗路村无公害农业生产发展合作社成立以来，经济效益明显，2007—2009年，社员从10个发展到158个，早春蔬菜种植面积由300余亩增加到800余亩，品种发展到10多个，户均增收1 500元，成为罗甸带农增收的新典型。

四、推进合作化经营

该县在整合土地资源基础上，还以龙头企业为引领，采取加入自愿、退出自由、利益共享、风险共担的方式，以租赁、资金入股、土地入股等渠道流转了大量土地，实施基地式集约化经营，为农民工提供了就业渠道。上隆茶果场在发展中不断整合土地资源，壮大茶产业，如今茶叶种植面积扩大到5 500亩，常年在茶场务工人数近3 000名。边阳镇罗木村村支书和3名返乡农民2008年工流转了158亩闲置土地，组建了兴和种养专业合作社，采取一菜多熟模式发展无公害蔬菜种植。对此，边阳镇党委政府给予该社1万元奖励，并协调贷款4万元。该合作社有组织、有规模地进入市场，形成了产、供、销一条龙的社会化服务体系，走上了订单农业生产模式。社员不需要奔波于市场寻找销售渠道，专注抓好种植管理，扩大种植规模，社员不担风险。该社以30元/天的薪酬聘用了30余名返乡农民工长年就地务工，既解决了返乡农民工的就业问题，也助推了龙头企业的发展，实现了双赢的目标。

点评：欠发达地区农村劳动力就地就近转移就业既要坚持城镇化、非农化的大方向，又要充分挖掘农业内部潜力，大力推进农业产业化，拉长农业产业链，吸纳更多大龄困难人员就业。贵州省罗甸县从本地实际出发，把大力发展农业产业化作为促进农村劳动力就地就近转移的重要渠道，积极探索农民由传统种植业向高效农业转移就业的新途径，制定出台一系列具有较高含金量的政策措施，通过鼓励返乡农民工创业和扶持合作社发展，加大土地整合力度，发展适度规模经营，积极引导返乡农民工加入合作社，帮助合作社做大做强，延长农业产业链，形成产、供、销一条龙的社会化服务体系，不仅使入社农民能够从土地中得到更多的收益，而且吸纳了大批当地农民在合作社长年务工，成为农业产业工人。罗甸县的实践，进一步拓展了农村劳动力转移就业的渠道，丰富了农村劳动力转移就业的内涵，为农业大县如何立足自身实际、充分发挥优势，促进农村劳动力就地就近转移提供了可供学习和借鉴的经验。

模式五：对口劳务协作带动转移就业

一、模式背景

为了推动农村劳动力的有序流动，实现发达地区和欠发达地区之间的优势互补和互利共赢，近年来，全国各地开展了不同层次、多种类型的对口劳务协作。有国家层面组织开展的对口支援三峡库区、地震灾区的劳务协作，有省际、市际之间的对口劳务协作，还有市、县之间根据各自劳动力的供求情况而开展的市与县、县与县之间的对口劳务协作。同时，协作的主体从以人力资源社会保障部门为主，扩大到了地方政府、职能部门、社会团体和用人单位等多个层面。协作的内容从单纯的劳动力输出、输入，向职业技能培训、社会保险办理、权益维护保障等领域延伸。协作的形式从单一的部门对接，向校企对接、校校对接、培训机构与中介机构对接等多种形式发展。对口劳务协作的广泛深入开展，提高了劳务输出的组织化程度，促进了农村劳动力从自发性和散兵游勇式的无序流动，向有序化、规模化方向的转变，增强了农村劳动力跨地区转移就业的效率和就业的稳定性，也是发达地区带动欠发达地区经济社会发展的一个重要手段。

二、模式概述

对口劳务协作　是指发达地区和欠发达地区基于优势互补、互利共赢的目的，以劳动力交流为主要内容，具有对口性、长期性和组织化、制度化、规范化特点的促进劳动力跨地区有序流动就业的活动。

对口劳务协作带动转移就业　就是输出、输入地双方通过签订劳务协议，明确各自的责任和义务，共同制订劳动力的输出、输入计划，并协同开展信息发布、资源储备、组织招聘、技能培训、远途输送等一系列工作，从而促进欠发达地区农村劳动力顺利向发达地区和大中城市转移就业。

三、模式要点

（一）组织机构对接。一是加强组织领导，双方应建立由政府或相关部门领导挂帅的对口劳务协作领导机构，研究制定政策措施、长期规划和年度计划。二是完善工作体系，省、市、县、乡应根据实际，落实具体工作部门和人员。输出地可根据实际，

在输入地设立派驻机构，为劳务协作的顺利开展提供组织保障。三是健全协调机制，定期开展交流互访，及时沟通有关信息，研究分析存在的问题，并及时采取相应的措施。四是实行目标考核，双方应确定各自的目标任务，定期开展跟踪检查，并实行必要的奖惩制度，确保目标任务的顺利完成。

（二）就业信息对接。一是健全完善劳动力供求信息交流制度。输入地应定期开展企业用工需求调查，及时采集就业岗位信息，优先向对口输出地传递发布。输出地应定期开展农村劳动力资源调查，全面掌握本地区农村劳动力数量、结构和文化技

能、就业愿望等情况，并及时向对口输出地通报资源储备情况。二是联合举办劳动力交流和专场招聘活动，宣传输入地的就业环境和企业形象，展示输出地农村劳动力的技能优势和整体形象，增进双方的相互了解。三是加快实现以网络为载体的现代化手段为对口劳务协作服务的目标，运用视频技术开

展远程招聘、人员面视等活动，降低交流成本，提高实际效果。

（三）技能培训对接。一是开展订单定向培训，输出地职业培训机构应根据输入地企业用工需求，组织本地有外出务工愿望的农村劳动力参加针对性的技能培训，培训合格后定向输送到输入地企业就业。二是发展校企联合培训，采取输出地职业培训机构在本地开展一定的理论知识和通用技术培训，输入地用人单位利用设备和场地开展上岗前的操作技能训练等方法，提高培训的实际效果。三是引导校校合作办学，由输出地技工学校负责招生和前期的理论教学，输入地技工学校承担后期的实习培训和毕业生的就业安置，进而实现“校门”和“厂门”的无缝对接。

（四）跟踪服务对接。一是建立输出、输入地双方人力资源社会保障部门跟踪服务和联合执法机制，通过发放联系卡、春风卡，公布维权举报投诉电话等方式，宣传劳动保障法律法规，共同维护农民工的合法权益。二是发挥输出地派驻劳务管理机构的作用，定期走访用人单位，了解企业安全生产、工资发放、社会保险等方面的情况，协调处理劳资纠纷，加强流动党员、团员的组织管理。三是做好外出务工人员的管理服务工作，解决外出务工人员生产生活中的实际困难，开展表彰慰问活动和形式多样的文化娱乐活动，丰富外出务工人员的业余生活。

四、实例点评

实例1

江苏省宿迁市宿豫区加强南北经济合作推动劳务输出

2001年，江苏省委、省政府决定在张家港市和宿迁市宿豫区开展南北挂钩合作。几年来，两地立足长远，积极寻找优势互补，实现了产业上的错位弥合，资源上的互通共享，发展上的联动共赢，对口合作规模不断壮大，合作领域不断拓宽。截至2009年，宿豫区和张家港共举办大型劳务合作交流会8次，对口乡镇、部门开展小型劳务合作交流活动50多次，累计向张家港输出劳务人员4.6万人次。

一、以定向转移为目标

针对近年来"苏南招工难，苏北输出难"这一两地发展中的突出矛盾，宿豫区以农村劳动力转移为目标，以对口劳务协作为纽带，努力发挥劳动力资源优势，做好优势互补的文章。为鼓励引导农村劳动力向张家港市输出，宿豫区制定宣传计划，以《宿迁日报》为主要阵地，开展了对张家港市经济社会发展和就业环境情况的宣传活动，还举办了各种类型的劳务招聘活动50余场次，营造了定向劳务输出的浓厚氛围。同时，组织各类培训机构与张家港市的东渡集团、光王电子等几十家大中型企业签订了合作协议，建立了长期合作关系。根据企业用工需求确定培训专业，制订培训计划，开展劳动力的技能培训，已向张家港市定向输出了2万多有一定技能的合格劳动力，实现了培训就业的有机衔接和良性循环。

二、以互补双赢为模式

为了进一步拓展合作领域，吸引张家港市企业到宿豫区投资，2002年12月，宿豫区和张家港市按照“共建共赢、共同管理”的模式，签订了《张家港市（宿豫）工业园补充协议》，在宿豫区共同开发建设张家港市（宿豫）工业园。为了抓住一批高层次、战略性的大项目，并进一步扩大就业容量，吸纳更多的农村劳动力就业，宿豫区在抓紧建设工业园的同时，又相继启动了长江润发（宿豫）工业园、神通工业园、江海工业园等三个“园中园”，创造了大量就业岗位。目前，几个工业园共吸纳了本地劳动力达6 000多人，带动转移就业数万人。同时，原输出到张家港市一些企业务工的部分宿豫员工，也被招回在宿豫区投资的企业，成为新办企业的业务骨干和技术能手。

三、以全程服务为保障

为了促进宿豫区务工人员的稳定就业，区人力资源社会保障部门开展了劳务输出的全程服务。2001年，宿豫区在张家港市设立了劳务输出办事处。除了采集用工信息、组织劳务输出之外，还协助张家港市人力资源社会保障部门，做好处理劳资纠纷、维护宿豫区务工人员合法权益方面的工作。采取了“区别对待、分类指导，包干到人、全程跟踪”的办法，对一次招用20人以上的企业派驻1名工作人员跟踪服务3个月，并与务工人员同吃、同住、同劳动，帮助解决生产生活等实际困难。还对宿豫区务工人员较为集中的企业开展半年一次的回访，了解务工人员生产生活情况，协助解决各种困难和实际问题。几年来，共组织回访50多次，处理各类劳资纠纷300多起。做到了输出有组织、问题有人管、困难有人帮、定期有回访、全程有保障。

点评：输出劳动力、引回生产力是宿豫区开展对口劳务协作的一个重要成果。宿豫区的工作主要有以下特点：一是将对口劳务协作摆上了南北经济合作的重要位置，深入宣传动员，积极鼓励引导，通过建立长期的技能培训和劳务输出合作关系，发挥了培训机构和用人单位的主体作用，促进了培训与就业的有机结合。二是以对口劳务协作为纽带，在承接产业转移的同时，发挥了重大项目带动农村劳动力转移就业的规模效应，并以“人流”带动了“物流”，促进了南北经济合作的深入开展和农民的持续增收。三是建立了劳务输出全程服务保障机制，开展了组织招聘、订单培训、输送人员、派驻机构、进驻企业、定期回访等一系列富有成效的管理服务工作，使外出务工人员务工安心，就业稳定。

实例2

云南省昌宁县开展订单定向培训输出

长期以来，昌宁县农村劳动力主要以亲友介绍、工头带领、自己闯荡的方式外出务工。2007年10月，昌宁县与福建省莆田市荔城区建立了友好城区关系，昌宁县开始了有计划、有组织地向荔城区输送农村劳动力。

一是组织定向培训

县职教中心围绕市场搞培训，根据岗位定专业，积极到荔城区找企业、签订单。分别与荔城区才子男装集团、鑫龙鞋业有限公司等用人单位签订了针车工、成型工的培训和用人合同，并由企业向职教中心提供实训设备。根据企业需求，对农村劳动力开展了订单培训，培训合格后定期、定向输送到企业就业。

二是开展跟踪服务

双方互派干部挂职，共同做好外出务工人员的输送安置及跟踪服务工作。2008年，昌宁县先后派出4人到荔城区的工业园区挂职。挂职干部随时走访企业，了解务工人员的生产生活情况，帮助解决劳资纠纷，协调处理工伤事故，积极维护外出务工人员的合法权益。

三是及时沟通信息

向社会公布了县劳务输出办公室的服务联系电话，按月通过荔城区劳动保障部门、昌宁县挂职干部和劳务经纪人等渠道，重点了解外出务工人员相对集中企业员工的生产生活情况，并及时向务工人员家庭传递员工信息。

昌宁县每年都向荔城区有组织地输送一定数量的农村劳动力，共已输送897人。目前在荔城区长期务工的有709人，达到了较高的就业稳定性。

点评：政府推动是对口劳务协作开展初期的重要环节。昌宁县抓住与荔城区建立友好城区的有利时机，开展了有计划、有组织地劳务输出工作。围绕市场搞培训，根据岗位定专业，组织订单培训和定向就业。同时通过互派干部挂职、集体输送安置、了解生产生活情况、帮助解决劳资纠纷、协调处理工伤事故等跟踪服务工作，促进了对口劳务协作的顺利开展。虽然目前输出的规模还较小，但为有效改变过去农村劳动力自发外出、无序流动的状况，不断提高输出规模和效率，取得了良好的开端。

模式六：劳务品牌带动转移就业

一、模式背景

随着人力资源市场竞争的日益激烈，近年来，许多传统劳务输出地区为了不断加快农村劳动力转移步伐，稳定和扩大转移就业规模，日益重视提高本地劳动力的整体素质和良好信誉。根据市场需求和当地人民群众在长期生产生活中普遍掌握的一技之长和从业传统，开展了有计划、有组织、有针对性的技能培训和市场宣传，逐渐形成了具有地方性和专业化、规模化的劳动力大军，涌现了一批经过市场检验、具有一定知名度和市场竞争优势的劳务品牌。一些省、市还开展了“十大劳务品牌”“驰名劳务品牌”评选等活动。通过培育打造品牌，扩大品牌效应，进一步促进了当地劳务产业和劳务经济的发展壮大。农村劳动力转移的形式，已经从初期的“游击队”开始向组织化、集约化的“正规军”发展，劳务输出正在发生由量到质的转变。

二、模式概述

劳务品牌 是指一个劳务输出地区的劳动力，因普遍具有一定的专业技能或从事某一行业、工种、职业的传统，而形成了一定的规模，并且在人力资源市场上占有一定的份额，享有较高的知名度、信誉度和竞争力。

劳务品牌带动转移就业 就是通过劳务品牌的竞争优势，提高农村劳动力转移就业的组织化程度和就业的稳定性，促进劳务输出从松散型向有序型转变，从数量型向质量型转变，从体力型向技能型转变。使农村劳动力在品牌“通行证”的帮助下，顺利走向市场，获得更多的就业机会。

三、模式要点

（一）培育和打造品牌。一是确定品牌的种类，劳务输出地区应根据本地劳动力普遍具有的一技之长和从业传统，结合国家产业发展方向，以及人力资源市场和输入地企业用工需求等实际，确定培育有利于发挥本地劳动力潜在优势的劳务品牌种类。二是加强专业化培训，根据劳动力的文化程度、学习能力等差异，以及岗位工种的具体要求，采用不同的教材、不同的形式，开展较为系统的专业化培训和职业道德教育，进一步提升劳动力的专业技能和综合素质。三是形成一定的规模，有计划、有组织地开展宣传动员，扩大培训规模，增加资源储备，形成一定的成批量和成建制输出能力，从质量上和数量上满足用人单位的需要。

（二）宣传和推销品牌。一是为劳务品牌取好名称，应使劳务品牌的名称既有明确的地域和职业属性，又有一定的传统和文化内涵。二是为劳务品牌做好宣传，通过各种形式，利用各种渠道，抓住各种时机，宣传当地政府培育打造劳务品牌的主要工作，向社会和企业展示本地劳动力的传统优势、现实优势、整体优势，扩大本地劳动力的知名度，加快形成品牌效应。三是为劳务品牌寻找市场，充分发挥劳务品牌能够有效传递劳动力地域、技能、素质等丰富内涵的特点和品牌效应，以及顺利进入市场的“通行证”作用，巩固现有市场，开拓新的市场，进一步扩大本地农村劳动力转移就业的规模。

（三）维护和升华品牌。一是实行劳务品牌注册，赋予劳务品牌的合法地位，避免出现品牌名称相近、相似的情况，以保障品牌拥有地区的合法权益。二是确保技能培训质量，应根据产业发展和技术升级的新要求，及时调整培训内容，及时更新劳动者的知识技能，认真开展职业技能鉴定，积极推行职业资格证书制度，确保品牌的“含金量”。三是建立品牌维护机制，对培育品牌的各个环节，以及品牌的市场反应等情况经常开展检查，及时发现和处理影响品牌质量，损害品牌形象的行为。四是赋予品牌精神内涵。正如企业文化一样，一个品牌也应拥有自己的品牌精神，表现为这个品牌的所有劳务人员应该具有技术熟练、勤奋敬业、诚实可信、开拓创新、高效务实等特质。这就需要在人员培训时重视道德情操培养，同时也需要品牌的每个成员严格自律，为提高品牌品质而努力。

四、实例点评

实例1

四川省“苍溪建工”依靠品牌闯天下

近年来，苍溪县在大力发展劳务产业过程中，积极培育“苍溪建工”劳务品牌，每年建筑劳务输出量达16.5万人，遍及全国30多个省、市、区以及世界40多个国家和地区。全县每年仅建筑劳务的收入就达10亿多元。“苍溪建工”已被中国就业促进会评为全国优秀劳务品牌。

一、积极扶持，形成品牌效应

一是在西北、东南等苍溪建筑民工相对集中的地区建立劳务协作站，负责建筑劳务的协作接洽。二是抓好建筑劳务市场的管理，从严查处乱收费和欺诈等不法行为，提高建筑劳务中介的诚信度。三是加强与各地苍溪籍建筑施工企业的协作，鼓励成批招用苍溪民工，并成建制、有组织地输出。四是加强就业信息服务，在本地劳动力市场、就业服务网和《就业促进报》等平台不间断发布建筑用工信息，每月15日定期举办招聘会，开展建筑劳动力的输出服务。

二、完善培训，提升品牌质量

为促进苍溪建筑民工从“苦力型”向“智力型”的转变，狠抓了建筑职业技能培训。一是建好基地办培训。全县7所职业教育学校、10个职业培训机构，常年开设砌筑工、混凝土工、钢筋工、架子工、防水工、装饰装修工、涂装工、抹灰工等专业，年培训建筑技术工人1.5万余名。二是开动“大篷车”送培训。把培训设备、培训教材、培训教师送到乡村，将培训班办到基层，使农民在家门口就能参加学习，并免费开展职业技能鉴定，核发职业资格证书。三是定向订单“订”培训。积极向企业争取建筑技工的需求订单，依托阳光工程、劳务扶贫、劳务品牌等培训计划的实施，按照市场需要什么就培训什么的原则，加强对有建筑从业愿望农民的培训，培训后定向输送到订单企业就业。

三、建设团队，打造品牌合力

一是加强组织建设。由县委组织部牵头，在新疆、广东等苍溪民工集中的地区成立“流动党支部”，建立流动党员之家，还吸纳优秀农民工入党，加强党组织的凝聚力和战斗力。二是开展慰问活动。县委县政府每年都组织到苍溪民工集中的地区开展调研慰问，各乡镇每年春节还向本地民工寄发慰问信，向外出务工人员介绍家乡情况，宣传有关政策。同时，帮助建立了一批“苍溪民工之家”，引导开展互帮互助活动，以乡情、亲情使苍溪民工群体形成了具有向心力的团队。三是建立各项制度。重点帮助苍溪在外承包工程的10多个建筑企业完善管理，建立了涉及人员管理、收入分配等方面的相关制度，激发了苍溪民工团结敬业、勤奋吃苦的精神，提高了“苍溪建工”

的品牌声誉，促进了建筑业务的拓展。

点评：劳动力的质量和信誉，对于劳动者在激烈的市场竞争中取得竞争优势十分重要。苍溪建筑劳务依靠品牌占领市场的成功之处在于：一是找准了劳务品牌的市场定位，根据本地大量劳动力长期从事建筑行业，普遍具有一定的建筑施工技能的特点，以及建筑市场对技工的旺盛需求，确定了培育“苍溪建工”劳务品牌。二是抓住了培育劳务品牌的重要环节，通过建好基地办培训、开动“大篷车”送培训、定向订单“订”培训等多种形式，从整体上提升了劳动力的专业技能和综合素质。三是形成了具有合力的团队精神，通过建立“流动党支部”和“苍溪民工之家”，开展大量切实有效的人性化服务，提高了苍溪建筑务工人员的敬业精神，赢得了较好的市场信誉。从而使品牌效应不断巩固，为“苍溪建工”的不断发展壮大打下了坚实的基础。

实例2

河北省魏县劳务“实打实”形象彰显效应

近年来，魏县积极实施依托品牌，加快劳务经济发展的战略，为当地劳动力树立了“实打实”的劳务品牌形象。先后被河北省和中国就业促进会评为“全省十大劳务品牌”和“全国优秀劳务品牌”，劳务经济不断发展壮大。

一、创立“实打实”的品牌

随着近年来劳务输出规模的扩大和质量的提高，魏县劳务的知名度也不断攀升。为了进一步扩大劳务经济的战果，魏县及时以反映当地人民吃苦耐劳、诚实守信、实干肯干、助人为乐、豪爽实在品格的“实打实”精神作为魏县劳务统一的品牌，并于2004年在国家工商总局登记注册，有效提升和扩大了魏县劳务的影响。目前，魏县已有组织地向各行各业输送了“魏县裁缝”“魏县电工”“魏县焊工”“魏县汽修工”“魏县建筑工”等各类产业工人近10万人。

二、确保“实打实”的质量

魏县坚持从“实”入手，不断丰富“实打实”的内涵，依靠实实在在的敬业精神提升品牌效应。一是实打实地开展就业服务，准确掌握岗位信息，做到不经考察不输出，信息不实不输出，为务工人员安全就业提供保障。同时经常开展回访和跟踪服务，协调处理劳资纠纷，积极提供法律援助，帮助解决实际困难。还在天津、北京等地建立了魏县务工人员民兵连，在青岛建立了流动团支部，提高了务工人员的组织化程度，得到了用人单位的好评。二是实打实地开展技能培训，成立了技能培训“阳光工程”办公室，以县培训中心为龙头，充分发挥教育、科技等部门以及社会培训机构的作用，开展了驾驶、焊接、电子、计算机等8 000余人次的专业技能培训，使外出务工人员都能掌握一到两门专业技能，明显提高了整体素质，就业稳定率达到了80％以上。三是实打实地开展品牌意识教育，统一制作，免费发放了“实打实”徽章和印有“魏县劳务”字样的挎包，使外出务工人员带着品牌标识和家乡声誉走天下，提高了注意个人的一言一行、维护品牌形象的自觉性。

三、彰显“实打实”的效应

魏县劳务的“实打实”精神，使当地农村劳动力出得去、留得住、干得好、挣得多，也使“实打实”品牌很快站稳了脚跟，魏县劳务成了市场上的“抢手货”。北京、天津、广州、珠海、青岛、深圳等几十个城市的人力资源社会保障部门、职业中介机构和用人单位纷纷前来寻求合作。近年来，又顺利打开了珠三角、长三角、山东半岛，以及沈阳、大连、长春等全国30多个大中城市的劳务市场，与全国100多家用人单位建立了稳定的协作关系。2008年，又将劳务输出目标瞄准了国际劳务市场，已有20多人远赴利比亚务工，开始走出国门“淘金”，充分彰显了“实打实”的品牌效应。

点评：劳务品牌是扩大劳务输出规模，提高劳务输出效益必不可少的“绿卡”和名片。魏县的工作有三个方面值得学习和借鉴：一是及时发现和总结本地劳务输出发展的成功经验，将外出务工人员可贵的品质上升为“实打实”的品牌精神，并以此确立品牌名称，及时登记注册。二是依靠扎扎实实的工作和服务，提高了务工人员的整体素质，加强了务工人员的组织化程度，确保了实实在在的品牌质量。三是在务工人员中广泛开展了品牌意识教育，并制作了品牌标识，增强了魏县劳务的荣誉感，从而使务工人员自觉地维护品牌的形象和家乡的声誉。魏县“实打实”的工作，不断丰富了劳务品牌的内涵，使当地农村劳动力转移就业的效益得到了明显升值。

模式七：劳务能人带动转移就业

一、模式背景

在近年来的农村劳动力转移就业热潮中，城乡之间逐渐形成了一支产生于外出务工人员的劳务能人队伍。劳务能人利用自身长期外出务工获得的各种优势，有的采用以老带新方式，直接带领家乡劳动力到自己务工的企业就业；有的在外创办企业，吸纳了大批家乡劳动力就业；有的成立机构，专门从事家乡劳务经纪活动。劳务能人活跃了城乡人力资源市场和劳动力的跨地区交流，一定程度弥补了当前一些地区农村公共就业服务仍然缺乏的局面。同时，适应了劳务输出渠道和方式多元化的要求，满足了部分农民对外出务工方式的传统需求。许多劳务输出地区的党委、政府因势利导，将劳务能人及其活动纳入了人力资源市场管理范围，制定政策、加强引导、规范运作、扶持发展，促进了劳务能人活动不断向制度化、规范化方向的健康发展，较好地发挥了劳务能人为农村劳动力转移就业服务的积极作用。

二、模式概述

劳务能人　是指由外出务工人员发展而来，利用自身长期外出务工获得的信息、经验和积累的技术、资金等优势，通过以老带新、创办企业、从事家乡劳务经纪活动等方式，具有带领和组织一定数量的家乡劳动力外出务工的能力，在输入地和输出地具有一定知名度和影响力的群体。

按照运作方式的不同，劳务能人分为外出务工能人和劳务经纪人两类。外出务工能人一般以义务方式，直接带领家乡劳动力到自己务工的企业，或介绍到其他熟悉的企业就业。劳务经纪人则是以获取佣金为目的，专门从事家乡劳务经纪活动，在有关部门登记备案的个人或机构，是职业化、专业化的劳务能人。

劳务能人带动转移就业　就是劳务能人发挥熟悉市场、掌握信息、信誉较好的优势，便于消除部分农村劳动力对于外出务工的顾虑和压力，减轻农村劳动力盲目外出的成本和风险，缩短用人单位和家乡劳动力之间的距离，从而起到了带动农村劳动力转移就业的积极作用。

三、模式要点

（一）创造良好的政策环境。一是正确认识和客观评价劳务能人的积极作用和示范效应，确立发挥劳务能人优势、为促进农村劳动力转移就业服务的指导思想。二是根据本地实际，从鼓励扶持、业务培训、协调指导、信息沟通、组织管理、跟踪服务等方面制定相应的政策措施。三是宣传政府鼓励扶持劳务能人的政策，以及劳务能人的亲身经历和成功事迹，开展表彰劳务能人中的先进典型活动。四是鼓励引导具备条件的外出务工人员积极从事劳务能人活动，扶持劳务能人向职业化、专业化的劳务经纪人方向发展，促进本地农村劳动力与劳务能人之间的沟通，加深对劳务能人的了解和信任。

（二）规范劳务能人的活动。一是掌握劳务能人的基本情况，做到对劳务能人的个人情况、务工单位、业务范围、带动人数、实际效果“五清楚”。二是帮助劳务能人掌握相关的法律法规和人力资源市场管理制度，重点加强诚信守法教育和业务知识培训，引导劳务能人参加国家职业指导人员专业培训，推行相应的职业资格证书制度，提高劳务能人的综合素质。三是对劳务能人在采集传递用工信息、组织招聘和人员输送、按规定办理用工手续、保障基本的工资待遇等涉及劳动者切身利益的重要劳务活动环节，制定明确的业务规程和有效的监管制度。四是会同工商部门加强劳务经纪人的管理，同时采取建立行业协会，制定行业自律制度等措施，促进劳务经纪人行业的健康发展。

（三）提供及时服务和保障。一是根据本地财力和实际需要，探索建立对劳务能人的资金扶持制度，可采取绩效挂钩等不同形式，对劳务能人中成绩突出而确有一定资金困难的，给予适当的补助和奖励。二是对劳务能人建立劳务基地、开展劳务派遣业务、从事有利于扩大劳务输出规模的活动，及时提供政策指导，并在办理相关手续上提供方便。三是定期深入输入地了解情况，或通过派驻劳务管理机构开展跟踪服务，协调输入地人力资源社会保障部门和用人单位，为劳务能人妥善处理和解决劳务活动中遇到的困难和问题提供支持。

四、实例点评

实例1

黑龙江省富裕县发挥能人效应促进劳务输出

为了推动劳务经济发展，促进农民增收，富裕县积极发挥劳务能人的作用，推动了劳务输出工作的开展。2008年以来，全县带领和引导20人以上外出务工的劳务能人超过200人，通过劳务能人带动外出务工的农村劳动力达1万多人。截至2009年底，全县累计实现劳务输出3.7万人，实现劳务收入2.38亿元。

一、政府引导服务，能人带动输出

为了积极发挥劳务能人的带动作用，富裕县劳动保障部门收集、整理、印发了《富裕县在外劳务能人录》，并定期与劳务能人建立联系，开展走访，经常召开回乡劳务能人座谈会。请劳务能人介绍亲身经历和切身体会，引导和带动更多的农村劳动力转变观念，通过劳务输出实现脱贫致富。同时加大宣传力度，树立劳务能人典型。劳动保障部门在县电视台等媒体开辟了再就业专栏，大力宣传国家有关政策和劳务能人就业、创业的成功事迹。利用农村大集人员密集的特点，印制发放宣传材料，还深入村屯到农民家中开展面对面的宣传。忠厚乡农民董军从赴山东胶州的一名“打工仔”，经过数年艰苦奋斗，已发展成为胶州一家镀金工艺品加工厂的小老板。10多年来，带动了忠厚乡800多名农村劳动力赴胶州务工。

二、发挥能人优势，开拓劳务市场

富裕县利用劳务能人的优势，在许多城市建立了一批劳务输出基地，其中1 000人以上的基地有3个，500人以上基地有30个。还在北京、大连、青岛建立了4个由劳务能人任站长的劳务派遣工作站，与当地多家知名企业建立了劳务合作关系。劳务派遣工作站根据市场用工需求，强化专业分工，树立劳务品牌，赢得市场信誉，使富裕县农村劳动力因品牌而升值，增加了务工收入。通过劳务能人的带动，目前“富裕缝纫工”在杭州、宁波等地已小有名气，“富裕保安”在北京已站稳脚跟。全县在建筑、缝纫、电焊、保安、水产养殖等方面形成了多个劳务品牌，有效提高了劳务输出收入，全县劳务经济越做越大，越做越强。

三、坚持以人为本，提供服务保障

富裕县劳动保障部门定期开展走访活动，深入务工人员集中地区，与当地劳动保障部门沟通协调，与企业领导和劳务能人座谈交流，了解掌握企业用工情况、务工人员思想动态和权益诉求，认真做好跟踪服务工作。每年“元旦”“春节”期间还向劳务能人邮寄贺卡，发信慰问，鼓励劳务能人安心创业。同时，委托劳务能人协助处理劳资纠纷，维护外出务工人员的合法权益。几年来，共协助当地劳动保障部门处理重大劳资纠纷6起，协调20余家企业及时兑付工资200余万元，追讨被克扣拖欠的工资80余万元。

点评：要使劳务能人的作用得到有效发挥，既要有良好的政策环境，还要靠扎实的管理服务。富裕县主要从以下方面做到了两者的有机结合：一是通过编印《富裕县在外劳务能人录》等方式，建立了与劳务能人畅通的联系渠道，全面掌握了本县劳务能人的基本情况，有利于及时进行指导和实施监管。二是大力宣传劳务能人就业、创业的成功事迹，增强劳务能人的成就感和责任感。同时积极发挥政府职能，为农村劳动力提供相关的就业服务，帮助农民转变观念，消除顾虑，增强在劳务能人带领下外出务工的信心。三是集中劳务能人的优势，建立了由劳务能人任站长的劳务派遣工作站，扩大了劳务合作范围，起到了随时掌握外出务工人员思想动态，了解反映劳动者权益诉求，协助劳动保障部门处理劳资纠纷，促进稳定就业的积极作用。从而促进了当地劳务输出规模的不断扩大。富裕县将劳务能人作用和政府部门职能有机结合的做法，较好地体现了政府新的的管理服务理念。

实例2

宁夏回族自治区同心县因势利导发挥劳务经纪人作用

同心县地处宁夏中部干旱带的核心区，县域经济基础薄弱。近年来，县委、县政府把发展劳务产业，盘活劳动力资源作为重要工作目标，主动适应市场，以培育劳务经纪人为切入点，发动劳务经纪人带领农村劳动力外出务工。2008年，全县通过劳务经纪人输出的劳动力达4.32万人，占输出总数的

57%；劳务收入达2.11亿元，占劳务总收入的58.9%。

一、因势利导，建立劳务输出新模式

2005年以来，同心县一大批长期在内蒙、陕西、天津和东南沿海大中城市务工，积累了一定资金、技术、经验的“先行者”，致富不忘父老乡亲，陆续回乡承担起了带领家乡群众外出务工致富的责任，被亲切地称为“劳务致富带头人”。这些“先行者”充分发挥联系市场紧密、获取信息快捷、组织灵活高效的优势，逐渐形成了考察市场、签订协议、通过县乡村三级网络发布信息、招聘符合条件的劳动力、预支交通食宿费用等业务流程，带领了大量乡邻、亲戚外出务工，增加了农民收入，赢得了家乡群众的信赖。县委、县政府因势利导，逐步将组织劳务输出的主体从政府调整为成长起来的劳务经纪人。政府则重点做好用工信息发布、输出前的培训教育、输出中的协调管理、输出后的跟踪服务工作。形成了“政策性引导、经纪人组织、市场化运作”的劳务输出新模式。

二、严格管理，规范劳务经纪人行为

《同心县劳务中介组织、劳务经纪人管理办法》《同心县劳务经纪人奖惩办法》《同心县劳务中介公司、劳务经纪人、务工人员建档立卡工作制度》出台健全了管理制度，对劳务经纪人资格实行了审批和年检，对劳务经纪人活动加强了规范和管理。根据劳务经纪人资格证书年检制度，对于不参加有关培训的不予年检，对有不良经纪行为的一律注销资格。同时，对劳务经纪人组织劳动力输出情况开展跟踪检查，督促劳务经纪人加强自律意识，目前尚未发生劳务经纪人因违法违规而受到处罚的情况。许多劳务经纪人认真履行承诺，切实负起责任，对初到务工地，一时还未找到工作，家中又急等用钱的务工人员，主动预借现金，以解燃眉之急。当农民工权益遭受侵害的时候，及时协调当地劳动保障部门和用人单位，积极化解劳资纠纷，维护务工人员的合法权益。一些文化素质较高，经过严格培训的劳务经纪人，还自觉配合当地劳动保障部门和同心县派驻的工作组开展农民工的管理和培训工作。

三、建立机制，提升劳务经纪人素质

为了培养具有良好素质的劳务经纪人队伍，同心县建立了劳务经纪人才档案，鼓励引导有经济实力、有经营头脑、有良好信誉的农村骨干从事劳务经纪活动。实行了劳务经纪人年培训制度，每年进行一次就业形势、政策法规、维权知识、组织管理、职业道德等内容的教育培训，使劳务经纪人不断掌握新形势、新政策、新知识，更好地开展劳务经济活动。建立了劳务经纪人奖励机制，大力宣传诚信守法、成绩突出、口碑良好的劳务经纪人事迹，开展了评选县“十大劳务经纪人”活动，并给予一定的奖励。2005年以来，累计有87个机构和个人受到了表彰和奖励，共发放奖金30多万元。截至2008年底，全县劳务经纪人已经发展到了2 000余人，劳务输出形成了以人带人、以人带村、以村带村的良好发展态势。

点评：因势利导、规范管理是发挥劳务经纪人作用的重要基础性工作。同心县主要抓好了以下几个重要环节：一是根据实际，因势利导，准确定位政府在推进当地劳务输出工作中的主要职能，将劳务经纪人作为当地组织劳务输出的主体，形成了符合当地特点的“政策性引导、经纪人组织、市场化运作”的劳务输出新模式。二是建章立制，严格把关，出台了较为健全、针对性强、行之有效的政策制度，从劳务经纪人的从业资格、基础管理、教育培训、奖励处罚等方面提出了明确要求，为增强劳务经纪人的自律意识、规范劳务经纪人的从业行为打好了基础。三是加强培训，宣传奖励，建立了劳务经纪人年培训制度，从制度上为不断提高劳务经纪人的综合素质提供了保障，并开展了先进劳务经纪人事迹的宣传报道和县“十大劳务经纪人”评选表彰活动，较好发挥了先进典型以点带面、示范带动的作用。

模式八：小额担保贷款助推转移就业

一、模式背景

为了鼓励扶持劳动者自主创业和小企业发展，创造更多的就业岗位，充分发挥创业带动就业的作用，国家建立了小额担保贷款制度，并作为就业再就业政策的一项重要内容，为自主创业、自谋职业的劳动者，以及劳动密集型小企业，提供了含金量大、成效明显、最为直接的支持。统计显示：小额担保贷款平均每扶持开发1个就业岗位所需资金仅为500元左右，而政府平均每开发1个公益性岗位的年投入资金将达1万元左右；平均1个劳动者通过成功创业，就可带动2.51人就业；平均1家劳动密集型小企业获得小额担保贷款的扶持，就可吸纳38.6名下岗失业人员实现再就业。因此，小额担保贷款政策具有推动创业和促进就业的倍增效应。近年来，小额担保贷款政策的扶持范围，已经从城镇下岗失业人员逐步扩大到了农村转移劳动力，并将返乡创业的农民工作为重点扶持对象。各地政府和有关部门根据相关政策，结合当地实际，相继制定实施办法，建立担保机构，筹集担保资金，并明确了贷款的对象和条件，健全了贷前审核、贷中监管、贷后奖惩等工作机制，促进了小额担保贷款工作的健康稳定发展，有效解决了农民工返乡创业起步阶段的资金不足问题。由于合并实施的财政贴息政策，降低了创业成本，大大激发了农民工返乡创业的热情，有力推动了农村劳动力的转移就业。

二、模式概述

小额担保贷款 是指由政府出资设立担保基金，财政承担贷款贴息，担保机构提供担保，经办银行发放贷款，针对劳动者创业资金不足，劳动密集型小企业资金短缺，

并由于缺乏有效担保，难以获得贷款的困难而实施的一项就业援助政策。

小额担保贷款助推转移就业 就是通过为有创业愿望和有创业能力的农村劳动力提供小额担保贷款，扶持农村劳动力自谋职业和农民工返乡创业，并在帮助创业者自身实现就业的同时，创造更多的就业机会，提供更多的就业岗位，从而发挥助推农村劳动力转移就业的作用。

三、模式要点

（一）建立担保机构，筹集担保基金。一是加强省、市、县、乡各级担保机构建设，建立健全上下贯通、覆盖城乡的担保服务体系。二是明确专职工作人员，落实贷前调查核实、贷后管理、贷款回收等工作。对人力资源社会保障部门、担保机构、经办银行和相关业务经办人员做出优异成绩的给予必要的奖励。三是积极拓展筹资渠道，扩大担保基金规模，落实财政贴息资金，为不断扩大小额担保贷款规模提供充足的资金保障。四是加强与各级各类金融机构的沟通联系，引入行业竞争机制，对服务优良、成绩突出的担保机构和经办银行给予必要的奖励，提高小额担保贷款的效率和质量。

（二）健全相关制度，防范贷款风险。一是明确小额担保贷款的对象、

条件、限额、期限，以及贷款申请、条件审核、贷款发放等程序。二是加强贷款管理和监督考核，明确贷款利率、贷款回收、风险管理、呆坏账认定和处理等办法。三是在政策规定范围内，

探索建立按比例充实担保基金、按工作成绩实施奖励的机制，以及通过适当上浮小额担保贷款利率，降低业务成本和贷款风险等办法。探索建立小额担保贷款专项扶持资金，用于支持中小企业信用担保体系建设。

（三）创新服务理念，加强创业指导。一是降低担保门槛，简化办事程序，扩大扶持范围，积极提供项目推介服务，对国家有关政策明确的微利项目积极予以贷款扶持，并根据实际适当提高贷款额度，延长贷款期限。二是及时做好贷款前的工作，按规定程序对贷款申请人的条件进行审核，对贷款涉及的创业项目进行评估论证，及时为符合条件的贷款申请人办理相关手续，并及时发放贷款。三是加强贷款后的跟踪服务，了解贷款使用和创业项目进展情况，针对贷款人创业中遇到的实际困难和问题，及时提供创业培训和其他必要的指导帮助，确保贷款作用的有效发挥和贷款的按时回收。

四、实例点评

实例1

吉林省舒兰市认真加强小额担保贷款管理工作

近年来，舒兰市不断加强和规范小额担保贷款管理工作，较好地发挥了贷款扶持返乡创业的作用。仅2009年，全市就向222名返乡创业人员发放贷款1010万元，由小额担保贷款扶持创办的企业已达556家，创造了大量就业岗位，促进了当地就业和县域经济的发展。

一、建立联动机制，延伸服务功能

成立了由市领导挂帅，劳动保障、财政、银行等单位组成的小额担保贷款工作领导小组，形成了“政府引导、部门协调、社会参与”的工作机制。同时延伸服务功能，建立了市、乡镇（街道）、社区三级小额担保贷款管理服务网络，配备了专职工作人员和51名基层小额担保贷款专职信贷员。为了全面提高工作人员业务素质，开展了“业务学习日”和“政策学习月”等活动，定期对工作人员进行考试，并将学习成果纳入年度绩效考核范围。结合实行“首办负责”“跟踪回访”“末位淘汰”等制度，进一步增强了工作人员的服务意识。

二、加强基础工作，扩大扶持范围

在全市深入开展了“进百家门，知百家事”返乡人员专项调查。组织1 500名各级工作人员，深入乡镇、街道、社区、村屯，摸清了全市5 700多名已返乡创业或有创业愿望人员的家庭、就业等相关情况，并逐一登记造册，为制定和实施政策提供了依据。2007年，在市财政十分困难的情况下，注入了担保资金424万元，为小额担保贷款工作的顺利开展奠定了基础。同时，在全省率先将返乡创业人员纳入了信贷扶持范围，为符合条件的返乡创业人员提供2万~5万元的小额担保贷款。将有发展前景、效益较好、带动就业能力较强的创业企业的贷款最高限额调整为20万元。还利用多种形式，有针对性地开展了小额担保贷款业务知识的宣传活动，使返乡创业人员了解掌握小额担保贷款政策和有关办理程序。

三、严格制度管理，保障贷款安全

根据有关政策和本市实际，制定了《舒兰市小额担保贷款管理办法》《舒兰市小额担保贷款工作流程》《舒兰市小额担保贷款审贷会职责》等一系列操作性较强的管理制度，为规范信贷行为提供了良好的制度环境。严格执行“个人申请、社区把关、上级审核、中心担保、银行核贷”的工作程序。对工作人员实行了问责制，对公职人员违规提供反担保的将予以严肃处理，对申请人弄虚作假骗贷的予以取消贷款资格。大力倡导诚信守法理念，提高贷款人员履行还款义务的自觉性，防止和减少了不良贷款事件的发生。

点评：小额担保贷款既是一项促进就业的重要手段，又是一项涉及金融信贷政策，专业性、业务性很强的工作。舒兰市从三个方面为我们提供了科学管理，确保贷款作用发挥的经验：一是健全完善管理机制，成立了市领导挂帅，有关部门组成的领导小组，建立了三级管理服务网络，从组织领导、人员素质、业务管理等方面为确保小额担保贷款政策的顺利实施提供了保障。二是基础工作深入扎实，全市开展了“进百家门，知百家事”专项调查，摸清了返乡创业人员和贷款申请人的有关情况，及时注入了担保资金，调整了贷款限额，开展了贷款政策和贷款程序的宣传活动，提高了贷款政策的针对性和透明度。三是制度健全程序规范，制定了一系列操作性较强，有效防止和减少不良贷款行为的管理制度，规范了贷款工作的各项程序，明确了对工作人员违规行为的处理制度，以及弄虚作假骗贷行为的处理办法。

实例2

青海省化隆县以小额担保贷款扶持发展拉面经济

近年来，化隆县结合本地实际，通过发放小额担保贷款，提供资金扶持，为农村劳动力外出创业注入了强大活力，形成了以“化隆牛肉拉面”品牌为依托，以外出从事拉面餐饮为主的劳务输出格局。2008年，全县有外出从事拉面餐饮的劳动力遍及全国26个省、市的205个大中城市，人数达6.6万人，占劳务输出总人数的60％以上；收入达2.5亿元，占全县劳务总收入的73％。

一、政府高度重视，制定扶持政策

2007年，为了巩固和扩大劳务输出成果，做大做强以“拉面经济”为主的创业经济，帮助农民迈出创业增收的第一步，并帮助已经外出从业的人员扩大经营规模，增强市场竞争和抗风险能力，县委、县政府针对农民外出创业普遍存在的资金困难，组织财政、劳动、乡镇、信用联社、驻外机构等单位研究对策，统一了思想，达成了共识，决定以小额贴息贷款方式提供资金扶持。出台了由县信用联社提供小额担保贷款，由县财政给予全额贴息的政策，并制定了相应的管理办法和操作规程。

二、搭建融资平台，提供贷款担保

经多方争取资金，全县共筹集小额贷款担保基金150万元，并成立了贷款担保机构，搭建了担保融资平台。同时采取担保基金和干部职工工资双重担保的办法，尽量降低贷款风险。广大干部职工和个体老板勇担风险，积极为外出创业群众无条件地提供贷款担保。自2007年以来的三年时间里，全县由1 539名干部职工和个体老板担保，分别为1 547户农民和下岗失业人员办理了总额达5千多万元的小额贷款，共有1 000多户农民和下岗失业人员家庭顺利搞起了拉面经济，开始了外出创业，家庭收入明显提高。几年来，当年还款率达到了98％以上。

三、完善管理办法，强化监督检查

结合地方实际，出台了《关于进一步推进全民创业促就业工作的指导意见》，将发挥小额担保贷款功能作为推动创业工作的重要措施，明确了各部门的职责和任务，统一了全县干部群众的思想。同时，为了保障贷款安全，在借鉴其他地方小额贷款管理经验的基础上，制定了《化隆县创业贷款管理办法》，对小额贷款的扶持对象、办理程序、贷款用途、贴息优惠等内容作出了规定，使小额贷款操作运行有章可循。县纪检部门还会同劳动保障部门和信用联社，定期或不定期地开展了跟踪督查工作，及时发现问题，及时纠正问题，从源头上杜绝了信贷腐败的发生，保证了贷款资金的安全。

点评：结合当地经济和产业特点，是发挥小额担保贷款作用，帮助农村劳动力成功创业必须把握的前提。化隆县就是根据这一要求，结合当地群众普遍掌握拉面餐饮的传统技能，具有外出从事“拉面经济”的积极性，找到了适合当地群众创业的项目，找准了群众普遍存在缺少创业启动资金困难的切入点，依托“化隆牛肉拉面”品牌，把做大做强“拉面经济”作为推动劳务输出、发展劳务经济的重要抓手。化隆县小额贷款还款率将近百分之百的实际，反映了小额担保贷款政策在当地很好地发挥了“四两拨千斤”、撬动经济发展、增加农民收入的作用。小额担保贷款推动了当地劳务输出和“拉面经济”的共同发展，实现了经济效益和社会效益的双赢，创出了一条具有浓郁地方特色的劳务经济发展新路。

模式九：维权保障助推转移就业

一、模式背景

农民工是新时期我国产业工人大军中的一支重要力量，为经济建设和城市化发展作出了重要贡献。同时，也是当前人力资源市场中的一个弱势群体。农民工大多从事苦、累、脏、险的工作，文化程度较低，知识水平不高，工作流动性强，缺少组织领导，维权能力较差，因此权益十分容易遭受侵害。维护和保障农民工的合法权益，已经成为党和国家高度重视、直接关系农村劳动力顺利转移和经济社会健康发展的重大战略问题。近年来，国家相继出台了《劳动合同法》《就业促进法》等法律法规和一系列重要政策，不断加大农民工权益保障工作的力度。各地政府和有关部门积极采取措施，在依法规范劳动关系、依法调处劳资纠纷、依法查处侵权案件等方面，逐步形成了较为完善的工作体系和工作机制。同时，广泛开展法制宣传，加强市场清理整顿。以农民工就业集中的行业为重点，不断加大监察执法力度，督促企业严格履行劳动合同，有效遏制了侵害农民工权益现象大量发生的严重势头。涉及农民工切身利益的工资支付、安全生产、社会保险、公共服务等政策制度，也在不断探索建立和逐步健全完善之中，为农村劳动力转移就业和稳定就业，创造了日益良好的外部环境。

二、模式概述

维权保障 是指劳动者因合法权益遭受侵害，在维护权益的过程中，得到国家法律法规的强力支持和政府有关部门以及社会各界的大力援助，并通过协商、调解、法律援助等途径，成功获得各项侵害赔偿的一种制度保障。

维权保障助推转移就业　就是针对农民工处于弱势地位的实际，通过提供各种维权援助，加强对农民工维权行动和维权过程的支持，有效维护农民工的合法权益，从而创造公平就业、按劳取酬的良好市场秩序，提高农村劳动力转移就业的稳定性。

三、模式要点

（一）提高用人单位和劳动者双方的法律意识。一是将劳动保障政策法规宣传作为维护人力资源市场秩序、维护农民工合法权益的首要工作，深入持久地开展宣传活动，营造良好的社会氛围。二是重点加强对用人单位的教育引导，提高用人单位依法用工的自觉性，承担维护和谐劳动关系的主要责任，为农民工提供良好的生产生活环境。三是对农村转移劳动力和农民工开展维权意识、维权途径、维权方法等知识培训，提高外出务工人员依法维护自身合法权益的能力。

（二）规范职业中介行为和劳务输出管理服务。一是规范社会职业中介活动的各个环节，严厉打击利用虚假招工信息坑蒙拐骗的违法行为，充分发挥公共就业服务的主渠道和示范作用，为农村劳动力进城求职免费提供良好的职业介绍服务。二是加强对劳动力招聘活动的管理，认真审核用人单位营业执照、法人资格等证明材料，要求用人单位明确符合国家有关规定的岗位工种要求、工资福利待遇、安全生产条件、社会保险情况等具体事项。三是加强对劳动力输入地的考察了解，选择诚实守信、依法用工情况良好的用人单位建立长期劳务协作关系，并作为输送劳动力的主要方向，做好劳务输出的组织管理和跟踪服务工作，提高农村劳动力跨地区就业的组织化程度。

（三）加强劳动争议仲裁和劳动保障执法力度。一是保持维权举报投诉渠道的畅通，各级劳动保障部门应设立农民工维权服务热线，公布举报投诉电话，开辟维权“绿色通道”，提供政策法规咨询和维权指导服务，及时受理侵权案件和法律援助申请。二是健全完善“快立、快调、快裁”的仲裁快速反应机制，优先审理涉及农民工重要利益的拖欠克扣工资、工伤事故赔偿等争议，对需要人民法院审理和执行的，提供必要的协助。三是保持查处侵害农民工权益行为的高压态势，以劳动密集型行业和高危工种岗位为重点，经常开展劳动用工专项检查和劳动保障监察执法，切实做到违法必查、违法必究、违法必惩。

（四）构建和谐劳动关系和权益保障长效机制。一是健全完善农民工权益保障预警机制，及时掌握企业用工情况和劳资关系状况，及时发现问题，及时化解矛盾，防止群体性事件和恶性案件的发生。二是健全完善农民工工资支付保证金制度，重点覆盖建筑施工等劳动密集型行业，以及承包关系复杂，侵权行为高发，拖欠工资严重的行业和企业。三是健全完善多部门联动的维权保障机制，发挥劳动、公安、工商、税务等部门和工、青、妇组织以及新闻媒体的整体作用，将企业依法用工情况与信用等级评定、税费减免政策等挂钩，及时处置欠薪逃逸案件，开展法律援助和社会救助，并对严重侵害农民工合法权益的违法行为予以曝光。

四、实例点评

实例1

内蒙古自治区奈曼旗构建全方位维权机制为农民工保驾护航

奈曼旗地处内蒙古自治区东南部的科尔沁沙地南缘，农村人口37.6万，属国家扶贫开发工作重点旗（县）。近年来，奈曼旗每年都有10万人次以上的农村劳动力转向二、三产业就业，对此，旗劳动保障部门树立了“保农民工权益，就是保劳动力转移，就是保农村经济发展”的工作理念，加大执法力度，构建了全方位、立体式的权益保障机制，有效维护了农民工的合法权益。

一、严把“三关”，全面规范劳务输出

一是严把输出基地筛选关，把信誉劳务输出基地建设作为首要任务。对所有前来招聘的用人单位，要求提交营业执照、法人代表证明、所在地劳动保障部门出具的证明等材料，并经实地考察核实，由旗劳动保障部门与用人单位签订劳务合作协议后再实施招聘。目前，全旗已在北京、天津、辽宁等地建立了50余个信誉劳务输出基地。二是严把劳务合同签订关，由劳动保障部门与用人单位签订劳务输出合同，明确输出人数、岗位工种、工资待遇、劳动保护、休息休假、社会保险等事项。同时，对务工人员开展劳动合同、安全生产、维权知识、职业病预防等知识的培训，为务工人员办理发放《外出人员就业登记卡》《婚育证明》《维权服务卡》。务工人员上岗15天后，旗劳动保障部门随即发出《合同签订提示书》。务工人员上岗1个月后仍未签订劳动合同的，则向用人单位所在地劳动保障监察机构发出《签订劳动合同协助处理函》，请求协助并督促用人单位整改。三是严把劳务输出回访关，实行对输出基地定期回访和用工信誉评定制度。每批务工人员输出半年后由旗劳动保障部门开展回访，重点了解《劳务输出合同书》《劳动合同书》履行情况，以及务工人员工资待遇、工作条件、劳动保护和各项权益保障情况，将用人单位评定为良好、一般、较差3个信誉等级。对用工信誉良好的单位，优先考虑续签合同；对信誉较差的单位，按照合同签订的违约条款处理，并从信誉输出基地中除名。

二、把握关键，妥善处理劳资纠纷

建立了一手抓劳动争议仲裁，一手抓劳动保障执法的“双线”工作机制。劳动争议仲裁机构按照“快立、快调、快裁”的快速反应要求，以劳动者工作时间、工资福利、休息休假、社会保险、合同履行、经济补偿等六个方面为重点，采取了四项仲裁措施：一是注重庭前调解，节约诉讼成本；二是坚持有案必立，降低立案门槛；三是实行一次性告知制度，为当事人申请立案提供便利；四是完善举证办法，推行《举证通知书》制度，进一步健全了仲裁文书。近5年来，全旗累计调处农民工劳资纠纷100余起，为农民工追回工资以及补偿金、赔偿金、社会保险金共计600余万元。劳动保障监察机构加强执法力度，以建筑行业为重点，严查拖欠农民工工资案件。采取经常巡查、专项检查、书面审查、受理举报等方式，及时发现情况，及时依法处理。对拒不接收处罚的用人单位，申请人民法院强制执行。2006年以来，先后查处拖欠农民工工资案件150起，为农民工追回工资近500万元。还以小砖厂、小作坊和餐饮服务等行业为重点，严查违法收取抵押金案件。几年来，累计查处收取农民工抵押金案件13起，追回非法收取的抵押金3万元。每年联合公安、工商、工会、安监等部门，对全旗用工市场开展专项清理整顿，重点查处非法职业中介和部分矿山、砖厂存在的强迫劳动、非法用工、限制人身自由等违法行为，较好地起到了净化市场环境的作用。

三、推进参保，提高工伤保险实效

根据本地实际，按照“广泛宣传、强化征缴、限期结案、及时赔付”的原则，重点推进农民工工伤保险参保工作。实行了农民工工伤保险参保“实名制”和限时报案、限期结案等制度，开发了工伤保险业务管理软件，建立了参保企业、参保人员数据库，健全了重大工伤事故报告、处理、赔付机制，夯实了工作基础，有效维护了农民工和用人单位双方的合法权益。建立多部门联动机制，依法推进工伤保险参保扩面。对于新办企业不参加工伤保险的，税务部门不予登记，安监部门不予办理安全生产许可证。各部门还开展了联合检查，重点查处未签订劳动合同、未参加工伤保险的用人单位。劳动监察机构定期深入各参保企业，开展社会保险稽查，确保工伤保险费依法足额征缴。目前，全旗参加工伤保险的企业达163家，参保农民工达6 498人，累计征缴工伤保险费257.5万元。已受理和办结农民工工伤案件421起，支付工伤保险金419万元，有效维护了农民工的合法权益。

点评：维护农民工合法权益是农村劳动力转移就业和稳定就业的重要保证。奈曼旗正是根据这一要求，从权益保障工作的范围和机制两个方面，构建了全方位、立体式的权益保障机制。通过“严把三关”等措施，将农村劳动力转移从招聘输出到就业以后的各个环节全部纳入了权益保障范围。通过劳动、公安、工商、安监、工会等部门的协调配合，建立了多部门联动的维权保障机制。同时，按照“广泛宣传、强化征缴、限期结案、及时赔付”的原则，重点推进了农民工工伤保险参保工作，为农民工遭遇工伤事故损害撑起了保护伞。较好地发挥了为农村劳动力转移就业保驾护航的作用。

实例2

重庆市巴南区积极创新服务破解五大难题

巴南区地处重庆主城区南，是个农村面积大、农业人口多、城乡二元结构突出、区情特殊的城区。近年来，为促进农村劳动力的充分就业，巴南区把劳务经济作为农民增收的重要产业，加强综合服务，着力解决农民工出行难、保障难、维权难、子女入学难，以及田地无人耕种、老幼无人照料等实际困难。2008年，全区稳定在外的务工人员达16万余人，劳务收入达14.5亿元，占全区农民纯收入的45.6％。

一、破解出行难，率先开通农民工专列

继2003年开通了全国首趟农民工专列以来，已连续7年经向铁道部申请保持开通了农民工专列，并针对农民工的出行特点，采取了四项服务措施：一是组织专列接送车辆，为农民工提供免费接送服务。二是在农民工出行和回乡期间，统筹调度交通运力，切实组织好各个节点的运管协调。三是推行免费办理团体购票服务，向社会公布了联系电话和办理地点。四是由驻外劳务机构加强与当地铁路、交通等部门的常年合作，每年提前为农民工返乡解决团体购票事宜。

二、破解保障难，率先推行了人身保险

在全国率先为农民工缴纳了保费为每年50元，保险金额达4.5万元的人身意外伤害保险。同时推进农民工社会保障体系建设，全面巩固农民工“三年平安计划”成果，不断扩大工伤保险覆盖范围；建立“低费率、广覆盖、可转移”的农民工养老保险制度和“低费率、保大病、用人单位缴费为主”的农民工大病医疗保险制度；完善城乡居民合作医疗保险制度，鼓励农民工及其家属参加城乡居民合作医疗保险，政府提供每人每年80元的保险补助。到2009年底，全区共有9.7万名农民工参加了相关社会保险，逐步实现了“病有所医，老有所养”的目标。

三、破解维权难，率先设立“劳务110”

进一步健全农民工维权服务机制，在当地首创性地设立了“劳务110”体系。设立了“巴南区农民工维权投诉窗口”，在全区22个镇（街）设立了“劳动保障监察举报投诉站”。农民工按照“劳务110卡”的指引，可通过电话、网络、信件等方式咨询政策、举报投诉、寻求帮助。为了更好地促进维权，完善了劳动争议仲裁快速反映机制，立案受理的劳动争议结案率达

98.5％。还成立了全市首家农民工协会，吸纳会员达2.5万人，已帮助农民工解决各种劳资纠纷798件，先后得到了各项赔偿金600余万元。同时完善了建筑领域农民工工资保障金制度，目前保障金累计已达4 302万元，为农民工追讨欠薪达9 883万元，较好地解决了建筑领域拖欠农民工工资的严重问题。

四、破解入学难，率先建立了借宿制度

为妥善解决农民工子女入学难问题，率先建立了留守儿童学生借宿制度，完善了农民工子女平等接受义务教育的制度。对进城农民工子女在入学、缴费、入队入团、接受表彰奖励、参加教育教学活动等方面与城区学生一视同仁。取消了按户籍参加中考报名、考试、录取的制度，农民工子女凭正式学籍就可获得同等待遇和录取资格。对家庭贫困的农民工子女和农村留守儿童义务教育，实行了“两免一补”政策，即免学杂费和免费提供教科书制度，给予每人每天2~3元的生活补助。2008年财政投入补助资金补助4 000多万元，受惠农民工子女达8万人次。针对农民工子女就学流动性较大的实际，为了确保返乡农民工子女的及时就学，采取了先接收入学，再办理手续的做法。区驻外劳务办事机构和劳务公司还积极协调家长务工所在地教育行政部门，努力解决农民工子女的异地入学问题。

五、破解家庭难，率先建立志愿者组织

针对许多外出务工人员家庭出现的田地无人耕种、老幼无人照料的问题，在当地首创性地组建了“青年党员助农机耕队”和“青年志愿者服务队”组织，发动青年党员和志愿者积极开展助农扶困行动。几年来，帮助外出务工人员家庭抢种抢收庄稼万余亩，帮助照料老人孩子137人次。同时，建立了农村土地流转服务中心和农村土地承包经营流转市场，帮助外出务工人员有序流转家庭承包土地。还送电影下乡，送演出下乡，丰富改善农村业余文化生活。开展了“美德在农家”“城乡姐妹手牵手”“健康快车”等一

系列活动，积极倡导乡风文明，并加强农村社会治安综合治理，营造农村安全和谐、农民安居乐业的社会环境，较好地起到了为外出务工人员解除后顾之忧的作用。

点评：切实解决农民工的实际困难和后顾之忧，也是提高农村劳动力转移就业稳定性的一项重要工作。巴南区较好破解五大难题的主要经验有三个方面：一是按照以人为本的理念，想农民工之所想，急农民工之所急，把为农民工排忧解难，作为促进劳务经济发展和农民增收的切入点。二是勇于探索，敢于创新，通过做法上的五个“率先”，形成了工作中的五个亮点，为外出务工人员提供了及时有效的帮助。三是有针对性地加强农村基层建设，开展了助农扶困行动，营造了农村安全和谐、农民安居乐业的社会环境，使外出务工人员就业安心，家庭放心。

附录

一、部分劳务输出工作示范县经验摘要

1．河南省禹州市积极做好新时期农村劳动力转移就业工作

2. 四川省富顺县多措并举　建立农村劳动力转移长效机制

3. 山西省夏县着力破解劳务输出三大难题

4．安徽省太湖县四项措施强化农民培训

5．福建省浦城县强化管理服务　促进转移就业

6．江西省宁都县多项措施应对农民工返乡潮

7．湖南省平江县农村就业三个转变加快农民脱贫步伐

8．广东省廉江市完善农村劳动力转移工作机制

9. 广西浦北县三项措施扩大劳务输出规模

10. 云南省富源县加强宣传引导　促进劳务输出

11. 西藏日喀则市以劳务输出和技能培训促农民增收致富

12．新疆疏附县强化服务保障　做强劳务经济

1
河南省禹州市积极做好新时期农村劳动力转移就业工作

禹州是一个总人口120万的县级市，农业人口占80%。多年来坚持把促进农村劳动力转移就业作为一项富民工程来抓，不断加强组织领导，加大资金投入，多措并举，促进劳务经济上档升级，有力推动了新农村建设，促进了全市经济社会健康协调发展。目前，已累计输出转移农村劳动力43万，占富余劳动力总数的95%；年实现劳务收入20多亿元，占农民纯收入的40％。

一、加强组织领导，完善工作机制

为确保工作顺利推进，禹州从加强组织领导入手，逐步建立了“纵成线、横成片”的农村劳动力转移就业工作网络。一是健全工作机构。2002年成立了以市长为组长的农村劳动力转移就业领导小组，2003年成立了副科级劳务输出工作办公室，各乡镇办也设立了相应的专门机构，每个行政村配置两名信息联络员。二是严格目标管理。市委市政府与各乡镇办签订目标责任书，把农村劳动力转移就业工作任务完成情况作为考核领导班子政绩的重要依据。三是垂直管理乡镇劳动保障所。从2008年7月起，全市22个乡镇劳动保障事务所成建制划归市人事和劳动社会保障局管理，并实现了机构、编制、人员、办公经费等实质意义上的统一归口，进一步理顺了农村劳动力管理工作体制。四是设立驻外办事处。在劳务输出人员相对集中的北京、深圳、上海等地设置政府驻外办事处，在20个大中城市设置工作站，负责解决外出务工人员工作生活中遇到的实际问题。目前直接从事农村劳动力转移就业工作的人员达1 500余人。

二、财政倾斜支持，资金保障充足

为鼓励和帮扶农民工外出务工，从2005年起，每年用于农村劳动力转移就业的资金都在500万元以上，其中400万元已列入年度财政预算，形成制度性安排。一是2002年以来，累计投资900万元建成了市、乡、村三级劳动力市场信息系统。2008年起，每年拿出50万元建设劳务信息百村联网工程，力争2010年底全市657个行政村全部实现劳务信息联网。二是每年拿出200万元，与上级拨付的专项资金一并用于农村劳动力培训。三是每年拿出60万元，对有组织输出人员定额补贴。其中市外省内每人30元、省外国内每人100元、境外每人500元。2005年以来，已向近2万名外出务工人员发放补贴200万元。四是每年拿出不少于20万元，对农村劳动力转移就业工作先进单位、先进个人和致富标兵进行表彰。

三、抓住四个重点，实现全面提升

一是依托培训实现技能转移。以市职业中专为重点，整合社会职业技能培训机构，根据劳动力市场需要大力开展“定向、订单培训”。通过开发管理软件，将所有参加培训人员的信息上网，使培训工作实现社会化监督。在乡、村一级大力开展畜牧养殖、种植栽培等农村实用技术培训，满足农村对适用人才的需要。2005年以来，共培训农村劳动力6.7万人，其中引导性培训4.15万，职业技能培训2.55万。

二是依托品牌实现有组织转移。为加快走上靠品牌占领市场、巩固市场、扩大市场的路子，2006年，市委印发了《关于开展创建劳务输出示范乡镇专业村（品牌村）、打造禹州劳务品牌活动的通知》，在全市大力实施品牌带动战略。通过3年努力，全市已有5个乡镇被评为劳务输出示范乡镇，10个村被评为劳务输出品牌村。目前，该市的电子工、钧陶瓷营销员、海员、家政服务等在劳动力市场上均享有较高声誉，全市劳务输出的组织化程度达70%以上。

三是依托项目建设实现就地就近转移。近年来，禹州立足自身资源优势和产业优势，将培育特色经济和发展城市建设作为吸纳农村富余劳动力的基础，坚持改造提升传统产业与发展加工制造业一起抓、大中小一起上的路子，坚持不懈地抓项目建设、抓传统产业改造提升、抓加工制造业和高新技术产业发展，积极搭建农村劳动力转移的宽阔平台。目前，钧陶瓷、机械制造、中药材及“三粉”加工等已成为吸纳农村劳动力就地转移的主要产业。

四是依托返乡创业实现更多转移。禹州牢固树立“走出去的是劳力，走回来的是人才；离家时是打工仔，回家时是企业家”的工作理念，积极引导在外务工人员回乡创业，不断丰富劳务经济的内涵。2009年2月，出台了《关于推进全民创业　切实做好农民工工作实施意见》，简称禹州市创业就业50条，切实落实了扶持政策，优化了创业环境。到2009年底，全市已有5 000余名外出务工人员回归创业，投资总额达30多亿元，就地安置农村劳动力1.2万人，“业回创、厂回迁、钱回流”的生动局面正在形成。

四、打造劳务文化，彰显民生主题

禹州把打造劳务文化作为提升农村劳动力转移就业品质的一项重要举措来抓，先后创作了《打工之歌》《我是禹州人》《为农民工歌唱》《农民工礼赞》等文艺作品。小品《发为媒》《卖药》在全省劳动系统汇演中，分别荣获一等奖和二等奖。编印出版了《禹州打工名人录》《颂歌》等宣扬禹州农民工的书籍和册子。还成功举办了农民工国庆集体婚礼、“放歌农民工”国庆主题文艺晚会和两届农民工“五一”职业技能大赛。这些活动增强了全市在外务工人员的家乡意识、团结意识，逐步确立了“身在外地、心系禹州、努力打拼、增辉家乡”的劳务文化内涵。

2
四川省富顺县多措并举　建立农村劳动力转移长效机制

发展劳务经济、构建统筹城乡的就业体系，是新形势下富顺县为加快推进县域经济社会协调发展所确定的主要发展战略和目标任务。近年来，在努力拓宽农村劳动力转移就业渠道的同时，该县立足当前、着眼长远，狠抓长效机制建设，初步形成了统筹城乡就业的新格局。

一、妥善安置，化解就业压力

2008年末的国际金融危机在我国掀起了农民工返乡的大潮，富顺县常年在外务工的30万农民工，有22.3万陆续返回家乡，给县内就业形势的稳定带来了严峻挑战。对此，该县超前谋划，迅速反应，积极组织内转外输，大力开展专项活动，有效应对了危机挑战。

（一）动态监测，超前谋划。为应对金融危机对农民工就业的影响，及时建立返乡农民工登记报告制度，设置县内农民工流动监测点，开展农民工返乡情况专项调查，并召开统筹城乡就业促进农民工再就业研讨会，制定《富顺县返乡农民工再就业工作方案》，下发《关于促进农民工稳定就业，切实做好当前农民工工作的通知》，全面部署各项工作。

（二）内转外输，突出“三个结合”。一是把农民工转移就业和重点项目推进相结合。抓住扩大内需和灾后重建机遇，在项目建设中大力开发就业岗位。2009年富顺实施了145个重点项目，完成投资13.8亿元，带动就业2.39万人。二是把返乡农民工就业与回引创业、发展归雁经济相结合，实现由“输出一人、致富一家”向“回引一人、造富一方”的转变。目前，该县晨光工业园区已回引企业20户，安置就业4 200人。三是将县内就业与县外输出相结合，大力开拓云南、贵州、西藏等地劳务市场，其中与贵州12家企业就达成了1 500人的用工协议。

（三）安置帮扶，实施“三项行动”。一是促进就业行动。先后组织返乡人员就业招聘会、“千企万岗”就业对接大会等活动15场，提供就业岗位1.5万个。二是创建充分就业社区行动。挖掘企业、事业和社区就业潜力，开发协管、保洁、门卫等公益性岗位1 180个。三是扶助创业行动。按需提供创业指导、创业培训、项目开发、小额贷款等“一条龙”服务。

二、强化技能培训，夯实劳动力转移输出基础

当前从全国范围来看，“就业难”与“招工荒”并存。其中一个重要原因就是技工人才匮乏、劳动力供需存在结构性矛盾。为提高劳务人员就业技能、促进人力资本与用工市场的有效对接，富顺县以创新培训机制和培训方式为重点，扎实开展技能培训工作。2009年以来，该县已完成农民工职业技能培训2万余人，颁发各类职业资格证书1.5万本。

（一）掌握需求，强化引导。先后聘请县、乡、村劳务信息员543人，定期和不定期的采取问卷、访谈等形式入户调查，及时掌握民工外出地区、数量、行业、岗位等情况，建立技能需求登记册和信息库，引导农民工接受技能培训，并提供相关培训信息。

（二）整合资源，增强实力。成立了县劳务开发培训工作领导小组，负责统一管理和监督劳务培训工程项目。形成以县就业训练中心、职业中学、成人高校、农广校、各行业培训基地和民办培训机构为主体的劳务培训网络，发挥培训主阵地作用。

（三）“三化”培训，因人施教。一是培训方式灵活化。采用集中授课和现场指导相结合、系统培训和技能短训相结合、脱产和业余相结合的培训方式，重视劳动技能的逐步积累。二是培训对象层次化。对“两后生”以劳动预备制培训为主，重点培训化工、机械、数控、婴护等专业；对多数文化水平较低的农民工，则以缝纫、建筑、家政及制造等行业的实用技术培训为主。三是培训渠道多元化。与工、青、妇及残联等组织联合办学，对不同社

会群体开展针对性技能培训；与用工单位密切合作，开展异地培训，送培训到岗；与农业种植养殖基地加强协作，围绕县内农业产业化开展农业实用技术培训。

三、建立长效机制，抓就业保稳定促发展

（一）完善市场功能，提升就业服务能力和水平。制定完善了针对农民工的劳动和维权服务战略规划。投资480万元构建覆盖城乡的劳务开发网络体系，建成了县级人力资源市场、2个镇乡分市场及128个村（社）就业服务站。建立了农村劳动力资源数据库，开发了城乡劳动力综合信息数据统计与交换程序。立足公共就业服务队伍人力资源开发，培训县、镇乡和各类社会团体业务骨干1 228人次。

（二）培养技能型人才，促进劳务开发由数量型向质量型转变。大力实施“特别职业培训计划”，狠抓缝纫加工、建筑装饰、机械制造、化工及新材料、电子电路等专业培训，提高返乡农民工及新成长劳动力的就业能力。力争培训合格率达95%以上、转移就业率不低于60%、就业稳定率达100%、成功创业率不低于50%。

（三）以创业带动就业，将归雁经济作为统筹城乡发展的有效载体。组织召开项目推介会、创业座谈会、归雁经济现场会等活动，免费提供创业培训、项目开发、开业指导、政策咨询等服务，激发成功人士回乡创业的热情。并切实在税收、土地、水电等方面给予回引企业以诸多优惠。截至目前，全县累计回引资金16.72亿元，回引项目284个，吸纳带动8 000余人实现了就业。

3
山西省夏县着力破解劳务输出三大难题

夏县位于山西省南部，是个传统农业大县，工业基础薄弱，发展相对滞后。县委、县政府提出了“富裕农民必须减少农民，建设农村必须繁荣城镇”的战略思路，县劳动保障部门着力破解劳务输出三大难题，促进劳务输出工作的开展。

一、抓宣传引导，破解“有劳力不愿出”的难题

夏县农民长期存在“宁在地里流汗、不到城里挣钱”“小富即安、不富也安”的恋家心态，影响了劳务输出的积极性。县劳动保障部门从“多输出一名劳动力，就减少一个贫困户”的宗旨出发，认真开展宣传引导，鼓励农民走出家门，进城务工，外出创业。全县统一制作和播放了《情系民工》《走出县门天地宽》等电视专题系列片，广泛宣传当前就业形势和劳务输出政策，帮助农民开阔视野，转变观念，提高农民外出务工的积极性。

二、抓网络建设，破解“想出出不去”的难题

由于就业服务和务工信息的缺乏，农民外出务工经常遇到各种障碍和困难，对此，夏县建立了纵向到底，横行到边，覆盖县、乡、村三级的劳务输出服务平台，采取了一系列免费服务措施，为农民外出务工提供“绿色通道”。县劳动保障部门利用广播、电视、报刊等各种形式和途径，及时把务工信息送到千家万户和农民手中。同时，在全国十大城市建立了劳务输入基地，提高了劳务输出的规模化和组织化程度。各乡镇劳动保障事务所还开展了各项后续服务工作，帮助解决农民外出务工过程中遇到的各

种困难，保障农民群众最关心、最直接的利益问题，解除了农民外出务工的后顾之忧。

三、抓技能培训，破解“出去不适应”的难题

针对农民普遍存在文化低、技能缺，工作不好找，就业不稳定的困难，县劳动保障部门在进行就业指导、对农民观念“换脑”的同时，还加强了技能“健身”活动，组织开展了各种就业技能培训。针对财力有限和培训需求量大的矛盾，实行了“三定式”，即定岗、定向、定单培训模式。做到培训一人、合格一人、就业一人，成功一人，努力提高培训效果和资金使用效益。近年来，全县每年农村劳动力技能培训都在8 000人次以上，就业质量和效果都得到了显著提高。

4
安徽省太湖县四项措施强化农民培训

太湖县是大别山南麓的传统农业大县，农村劳动力转移就业任务十分紧迫。县委、县政府把农村劳动力培训作为劳务经济的发动机和倍增器，取得了显著成效。2008年，全县培训农村劳动力5 200余人，转移就业率达87％。

一、统筹培训规划，汇聚各方合力

全县建立了农村劳动力培训目标责任制，实行与乡镇中心工作同步部署、同步推进、同步检查、同步考核。县城建设规划分别设立了公办职业教育区和民办职业教育区，所需土地按公益性事业供地，职业教育与学历教育享受同等税费优惠政策。同时，将培训机构建设列入劳务经济发展长远规划，有步骤、有计划地改善办学条件，拓展培训范围，扩大培训规模。还建立了政府投入，社会参与的多元化投入机制，通过加大财政投入和集中国债资金、职工教育经费附加等多种途径，目前全县共投入培训硬件建设资金7 000万元。发挥农民工职业技能培训联席会议的作用，统筹安排劳动、农业、科技、教育、扶贫等部门的培训资金，年投入达300余万元，确保了参训农民培训补贴资金的需求。

二、构筑培训体系，形成培训实力

乡镇事务所开展了农村劳动力基本情况摸底调查，并建立了县一级数据库，实行动态管理。县劳动保障部门制订了年度培训计划，指导生源对接和培训合作，并根据培训效果实行以奖代补。建立了以技工学校为主、定点培训机构为辅、部门培训机构补充的培训体系。全县现有定点培训机构12家，年培训能力超过6 000人次。全县明确了培训任务和培训分工，乡镇政府负责开展引导性培训，具备相应资质的培训机构承担技能培训，鼓励企业提供实习训练师资和设施。充分发挥公办培训机构规模大、专业多、训练强，以及就业渠道较广、对口就业率高、兑现补贴严格的支撑和示范作用，引导培训机构开展良性竞争。目前，民办培训机构已在电工电子、机械加工、汽车驾驶等专业领域形成了一定特色和良好势头。

三、严把培训质量，内化发展动力

健全培训质量保障体系，全县建立了定点机构专业制、定点审批公示制、培训开班申报制、培训统计台账制、培训进度季报制、培训过程督查制、培训结果验收制七项制度。对定点培训机构实行了“四统一”，即统一设点挂牌、统一管理机构、统一相关制度、统一报表台账管理。对于培训质量较差或培训就业率低的培训机构，按退出机制取消培训资格或调整专业设置。2009年，全县有4家培训机构退出了计算机专业的培训工作。同时，严格把好技能鉴定关。2009年1—6月，全县农村劳动力职业技能鉴定合格率达到98.4％。

四、创新培训模式，提高就业效力

部分民办职业培训机构发挥办学体制灵活的优势，在外地建立了就业协作网络，提高了农村劳动力培训后的就业成功率。有的培训机构还与县扶贫办联合开展了扶贫培训，与县残协联合开展了残疾人技能培训，因人、因企确定培训专业和培训内容。达到了培训一人、就业一人，脱贫一户、影响一片的效果。县劳动保障部门认真指导，抓好培训机构与用人单位的培训用工合同、培训机构与培训学员的培训就业合同、培训学员与用人单位的劳动合同签订工作，有力促进了培训与就业的紧密结合。

5
福建省浦城县强化管理服务　促进转移就业

浦城县位于闽北山区，与浙、赣二省接壤。为了促进农村劳动力转移就业，县委、县政府研究出台了《关于进一步促进劳动就业与农村劳动力转移的若干规定》，在三个方面取得了突破创新和明显成效。

一、整合部门资源，建立了三级管理服务机构

建立了由劳动保障、农办、教育三部门组成的县劳动就业与农村劳动力转移服务中心，通过人、财、物的合并，整合了相关部门资源，形成了城乡一体、统筹规划、部门联动、优势互补的管理服务格局。全县19个乡镇（街道）建立了劳动保障事务所，由一名副科级干部兼任所长，并配备了2名以上专兼职工作人员。在296个村（社区）建立了劳动保障工作站，由村（社区）干部或农技员兼任劳动保障协理员。健全的管理服务网络为推进劳动保障工作向农村延伸提供了组织保障。

二、加强公共服务，改善农村劳动力就业环境

在涉及农村劳动力转移就业培训、土地承包、工资待遇、社会保障、权益保护等方面，县委、县政府制定出台了20项具体政策和优惠措施。不仅全面取消了对农民进城务工的歧视性政策和收费项目，而且加大了相关的教育、计生、卫生、户籍，以及治安管理、公共交通、住房保障等公共资源的配置和投入。同时，把农村劳动力纳入公共就业服务范围，提供劳资供需交流服务，引导就地就近转移。较好地为农民解决了盲目外出和缺乏保障的问题，为企业缓解“招工难”提供了帮助。2008年，全县落实

“四免一补”，即免费职业指导、职业介绍、政策咨询、信息服务和一次性职业培训补贴，经费达186.9万元，解决了89个农民工子女的就学问题，免收借读费13.5万元。

三、实行奖励政策，调动各方促就业的积极性

县财政每年拨出50万元专项资金，用于奖励促进农村劳动力转移就业的先进单位和个人。对单位或个人介绍本县农村劳动力到城镇企业、乡镇规模以上企业成功就业，并稳定就业半年以上的，每介绍1人给予80元的奖励。2008年，有关部门对符合条件的3 740人全部给予了奖励，金额达29.92万元。同时，按照“以事管人”“费随事转”的原则，对乡、村劳动保障平台实行了津贴与绩效挂钩的办法。劳动保障兼职协理员经年度考核合格，可获得1 000元以上的各项补贴。对基层劳动保障工作成绩突出的61名先进个人每人奖励300元。还向为县域企业发展作出突出贡献的60名“浦城县优秀务工青年”颁发了荣誉证书，并免费提供健康体检。

6
江西省宁都县多项措施应对农民工返乡潮

宁都县位于江西省东南部，是农业大县和国家重点扶持的贫困县。受国际金融危机影响，2009年春节前，全县有11万外出务工人员返乡。县委、县政府采取多项措施，扩大就业渠道，返乡农民工基本在当年实现了重新就业。

一、开展返乡人员情况动态监测

发挥全县24个乡镇和299个村劳动保障基层平台的作用，专门下拨了10万元工作经费，建立了农民工返乡情况监测点，实行动态监测。县级监测点每15天上报一次情况，省级监测点每周上报一次情况。乡镇干部和劳动保障协管员挨家登门入户，逐人造册登记，全面掌握了外出务工人员返乡的人数，返乡的原因，以及就业愿望和培训需求等情况，为“早预防、早报告、早处置”及时提供了大量准确的信息。

二、内外并举巩固劳务输出成果

宁都县工业企业用工总量仅为1万余人，大批返乡农民工的就业出路仍然需要依靠劳务输出。对此，县劳动保障部门努力做好“对内”和“对外”两个方面的工作。“对内”，加强教育引导，帮助返乡农民工了解形势，调整心态，转变观念，务实地确定工资待遇期望。同时，认真制订培训计划，有针对性地开展转岗培训，增加返乡农民工新的就业技能。“对外”，于春节前组织乡镇劳动保障干部南下珠三角和闽三角地区，北上长三角地区，巩固和发展劳务协作关系，开展校企合作“订单培训”，争取用人单位多吸纳本县劳动力。截至2009年5月底，有6万多名返乡农民工回原输入地就业，有3万多人通过有组织的输送，进入浙江、广东、福建、上海等省、市的企业务工。

三、送岗下乡促进就地就近转移

在巩固劳务输出成果的同时，积极发挥社保补贴、岗位补贴等优惠政策作用，鼓励本地企业吸纳返乡农民工，引导农村劳动力就地就近到本县工业园区和周边企业务工。春节前夕，全县编印了10万份《县工业园区企业用工信息》，发送到每位返乡农民工手中。春节前后，全县开展了“春风行动”“就业援助月”“民营企业招聘月”等专项活动。组织企业到各乡镇举办了35场就业招聘会，把岗位送到了返乡农民工家门口，为返乡农民工提供了与企业直接洽谈、现场签订意向的机会。截至2009年5月底，全县已有1 900多名返乡农民工在县工业园区企业就业。

四、政策扶持鼓励引导自主创业

为更好地发挥创业带动就业的作用，2008年10月，各乡、镇建立了“返乡农民工创业指导服务中心”，提供创业培训、项目开发、开业指导、小额贷款、税费减免等“一条龙”服务，还编印分发了5万多份《宁都县返乡人员就（创）业服务指南》。针对申请小额贷款路途较远、时间较长、手续烦琐的问题，有关部门开始采取了下基层设点代办的办法。创业者可就近向所在村协管员申请，并报乡、镇事务所，由县就业局派工作人员下到乡镇调查审批，为农民申贷和创业提供了很大方便。为鼓励党员带头创业，还举办了返乡农民工党员创业培训班，参加培训的47名党员中已有13人开始了创业。从2008年10月开始的半年多时间，全县共为773名返乡农民工发放了小额贷款，金额达1 352万元，带动或吸纳就业3 865人。

7
湖南省平江县农村就业三个转变加快农民脱贫步伐

平江县位于湖南省东北部，与鄂、赣二省接壤。近年来，平江县委、县政府在推进农村劳动力转移过程中，立足三个转变，取得了明显成效。全县共转移就业18万余人，农民务工收入不断增加，脱贫步伐明显加快。

一、加强服务，从自发外出向有序输出转变

按照“县建市场、乡镇建站、外建基地”的目标，建立了以县人力资源市场为中心，全县27个乡镇劳动保障服务站为窗口，深圳、上海、北京、广州等城市为基地的用工信息收集发布和就业管理服务网络，并通过“平江职介”网站，及时向全县发布劳动力供求信息。同时，以村为单位建立农民转移就业档案，详细掌握农村劳动力就业技能、就业意向、就业地点、务工行业、工资情况等基础信息。全县还定期举办现场招聘活动，为农民外出务工搭建桥梁。较好地改变了过去农民外出务工以自发为主、求职困难、缺乏保障的局面。自2005年以来，全县通过信息引导成功实现转移就业的劳动力达7万余人。

二、强化培训，从普通劳力向技能人才转变

整合开展“扶贫工程”“阳光工程”“雨露工程”等内容相近的短期政策培训。重点加强职业技能培训和订单式培训，全县7家主要职业技术培训机构，开设了财会、机电、模具、文秘、电脑、汽车驾驶等专业，年培训规模达3 000多人，就业率达95％以上。每年还选送一批优秀初、高中毕业生，赴上海海运学院、上海沪东造船厂、广州远洋公司等单位进行相关技

能培训。通过加大培训力度，大量普通农村劳动力逐渐成为相关行业的技能人才，并形成了一定的劳务品牌效应。目前。由平江劳动力在外自主兴办的食品加工企业已有1 000多家，平江司机占领了深圳汽车运输业的“半壁江山”，平江外派海员已发展到近200余人，其中多人取得了轮机长、船长的从业资格。

三、筑巢引凤，从单向输出向就地转移转变

抓住全县深入实施“民营活县”、大办工业、招商引资战略的有利时机，出台了一系列优惠政策，积极扩大本地就业渠道和岗位，引导农村劳动力就地就近转移。同时，鼓励劳动者自主创业，以创业促进就业。目前，全县已发展非公企业768家，个体工商户1.6万家，直接带动创业和就业4万多人。通过招商引资创办企业，每年还可安排劳动力就业5 000多人。为了更好地发挥本县“打工能人”的带头作用，还实施了“回归工程”。运用创业优惠政策，鼓励打工能人走“输出—成才—积累—创业”之路，返乡创业，反哺乡梓。目前全县先后有3 000多人返乡创业，带动就业2万余人。

8
广东省廉江市完善农村劳动力转移工作机制

廉江市位于广东省西南雷州半岛北部，与广西接壤，是个人多地少的省内经济欠发达地区。廉江市各级党委、政府按照“转移就业脱贫，劳务经济富民”的指导思想，完善工作机制，全市转移农村劳动力达33万余人，取得了显著成效。

一、建立三级领导机构

市领导亲自挂帅，建立了由劳动保障等13个部门组成的市农村劳动力转移就业工作领导小组和联席会议制度。全市21个镇（街道）和375个村（社区）也成立了相应的机构。各村聘有劳动保障协管员，专门负责劳务输出的宣传发动、登记申报、组织输送等工作。全市形成了市、镇、村三级管理服务网络，做到了工作有领导、办事有机构、业务有专人，形成了职责明确、部门联动、齐抓共管、层层落实的工作机制，确保了中央和省有关政策的贯彻落实。

二、实行目标考核制度

市领导小组办公室每年将全市农村劳动力技能培训和转移就业目标任务下达到各镇（街道），并分解到各村和社区。按照分级抓落实的要求，每个季度市领导小组对镇（街道）工作情况开展督查，各镇（街道）对村（社区）工作开展督查。年终，市政府对各镇（街道）工作统一情况进行考评，召开会议总结表彰先进。调动了各镇（街道）各部门的工作积极性，促进了年度工作的顺利有序开展。

三、加大资金保障力度

加强硬件设施和信息网络建设，投入1 000多万元，新建了市人力资源市场综合大楼。投入100多万元，建立了覆盖全市21个镇（街道）、连接村委会的信息服务网络，实行联网管理服务和现场招聘、网络招聘同步进行。加大免费培训力度，全市45岁以下的农村劳动力，可在定点培训机构参加1次免费技能培训并推荐就业。政府还给予参加培训的农村贫困家庭青年一定的生活补助。为自主创业的劳动者提供贷款、用地、减免税费等扶持。2008年至2009年底的1年多时间，全市共发放小额贷款2 921万元，扶持600多户兴办了小企业、小商户和种养殖业。

9
广西浦北县三项措施扩大劳务输出规模

浦北县位于广西壮族自治区南部，是个农村人口占90％的农业大县，每年有25万多农村劳动力需要转移就业。县委、县政府健全服务网络，落实工作责任。劳动保障部门采取三项措施，拓宽输出渠道。2008年，全县有组织的转移就业达70％以上。

一、加强劳务对接，提高组织化程度

为巩固和开拓劳务输出渠道，提高有组织输出规模，浦北县进驻用工前沿，在珠三角、长三角等经济发达城市建立了多个劳务办事机构。先后与广东、海南、上海等地的20多家劳动力市场建立了便捷畅通的用工信息渠道，还与TCL、康佳等80多家大型企业签订了长期用人合同，每年定向组织输送逾万人。县、镇主要领导每年带队赴珠三角、长三角等地区找市场、搞对接，收到了很好效果。2008年，分别与东莞康佳电子、深圳普联技术等12家大型名牌企业建立了新的劳务合作关系。充分发挥县、镇、村工作站的服务作用，举办形式多样的招聘活动。2008年，全县共举办大型招聘会和洽谈会18场次，共输出农村劳动力1.6万人。同时，积极参与国际劳务合作，选择信誉良好、知名度高的境外输出劳务公司，向国外输出劳动力。

二、加强引导管理，发挥经纪人作用

随着劳务输出规模的不断扩大，劳务经纪人活动也日益活跃。为发挥劳务经纪人本地情况熟、人脉关系多、信息来源广、输出形式活的优势，有关部门在调查摸底基础上，建立了相关制度，开展了业务知识和法律法规培

训，对全县劳务经纪人队伍加强了规范和管理。目前全县有2 184名农村劳务经纪人，常年活跃在广大农村与用人单位之间。2008年，全县通过劳务经纪人牵线搭桥转移就业的农村劳动力达6万多人。

三、加强后续服务，提高就业稳定性

为解除外出务工人员的后顾之忧，以镇为单位，坚持开展了“服务外出创业家庭百村行动”。对因外出务工而缺少劳动力的家庭，提供照顾老人、调解纠纷、子女上学，以及农产品购销等服务。组织开展了“三个一”，即一张笑脸、一个电话、一句问候的服务。镇有关工作人员和村劳务协管员经常上门了解情况，并提供力所能及的帮助，为外出务工人员与家庭之间搭建了“连心桥”，使外出务工人员走得放心，干得安心。通过打造“信息、培训、对接、服务、发展”五大平台，为农村劳动力转移提供了一条龙服务。

10
云南省富源县加强宣传引导　促进劳务输出

富源县位于云南省东部的滇黔桂交界处，是个山区农业县。农业人口多，农民文化水平低，观念较陈旧。为了将丰富的农村劳动力资源转化为经济优势，促进农民增收，县劳动保障部门采取多种形式开展宣传引导，有力推动了劳务输出工作的开展。

一、深入发动，广泛宣传

县委、县政府把劳务输出作为每年领导干部培训班的课题，努力增强各级领导做好劳务输出工作的责任感和紧迫感。县劳务输出管理服务中心工作人员常年深入全县11个乡镇，会同基层劳动保障所，入村寨进农户，宣传动员人数达30多万人次，并逐步建立了翔实的农村劳动力资源台账。还利用全县初、高中生毕业之机，走进校园，以主题班会、全校大会等形式，宣传就业形势和就业政策，鼓励未升学的毕业生外出务工，实践锻炼，增长才干，寻找新的发展之路。

二、运用媒体，营造氛围

组织拍摄了《富源人在毛里求斯》《富源人在广东》《崛起的富源劳务输出业，富起来的输出人》等电视专题片，直观、形象地宣传本县出国、出省务工人员的工作、生活情况，以及“外出一人、致富一家、带动一方”的典型。利用报纸、广播等形式宣传外出务工人员的创业精神、创业历程和鲜活事例。在车站、广场、乡镇驻地、村委会所在地等设置劳务输出宣传栏，介绍外出务工常识、有关政策法规、权益保护常识等。还在县内公路交通要道设置劳务输出宣传广告，营造劳务输出氛围。

三、设点宣传，开展咨询

将相关政策法规编印成册，利用农闲、春节、集市，在人员集中的地方摆摊设点，边提供咨询，边分发资料。宣传国家就业政策、劳务输出知识。每年还将农民工维权的成功事例编成简讯，以传单形式发到农民手中，到2009年底，全县共已发放宣传资料25万份。同时，请外出务工典型讲感受、谈体会，让得到维权援助的当事人现身说法。帮助农民认识到外出务工是一条投资少、风险小、见效快的致富之路，树立起“走一人富一户，要想富靠劳务”的观念，使农民感受到外出务工也时时有党和政府的关怀。截至2009年7月，全县通过劳务输出已转移农村劳动力16.7万人，年务工总收入达7.7亿元以上。

11
西藏日喀则市以劳务输出和技能培训促农民增收致富

日喀则市位于祖国西南边陲，青藏高原西南部。随着西藏区域经济的快速发展，日喀则市迎来了劳务输出的春天。2005年以来，全市以劳务输出和技能培训促农牧民增收致富，共输出农村劳动力23万人次，实现劳务收入3亿元。

一、调整劳务输出工作思路

抓住区域经济发展机遇，调整劳务输出工作思路，确立了紧紧依托市场，由市内输出转为市外输出，由区内输出转为跨区输出，由分散输出转为集体输出，由短期临时输出转为长期稳定输出的目标。针对农村劳动力就业观念陈旧、务工意识淡薄、不愿走出家门等情况，组织人员深入农村开展教育宣传，鼓励农民走外出务工增加收入，摆脱贫穷发家致富之路。同时，将劳务输出指标细化、分解，落实到各乡（街道），明确专人负责，及时掌握每月劳务输出的人数、去向、收入等情况。

二、积极开发内地就业市场

2008年，以青岛市对口支援为契机，向青岛荣达针织有限公司输送了55名来自农牧区藏族女青年，解决了她们的就业问题，开创了日喀则地区跨区劳务输出之先河。随后，又先后向广东钧赞陶瓷有限公司输送务工人员15名，向成都华阳西藏天林生物制药有限公司输送务工人员7名。为了免除外出务工人员的后顾之忧，市劳动保障部门对用人单位一一进行实地考察，然后组织并派专人护送务工人员前往输出地。同时，要求用人单位每月通报工资发放情况，维护务工人员的合法权益。还从外出务工人员中选定人员，负责与家乡劳动保障部门的联系，并进行自我管理。

三、广泛开展就业技能培训

从调动参加培训学习的积极性入手，提高农牧民学文化、学技术的热情。全市整合培训资源，多渠道多形式，重点加强了就业技能培训。截至2008年底，全市共举办了8期培训班。地区就业服务中心先后组织300多人，开展了烹饪、驾驶、保健按摩、美容美发等技能培训；2009年5月，又组织专人考察内地市场，带回了制作小吃、烧烤的实用技术和设备，为农村劳动力提供了新的学习和创业机会；还委托市农牧局、科技局等部门，开展了农业栽培、家禽饲养等专业技术培训。城南办事处和甲措雄乡等地还建起了藏鸡养殖场，为巩固培训成果，使农牧民将学到的知识技能尽快转化为经济收入开辟了新的路子。

12
新疆疏附县强化服务保障　做强劳务经济

疏附县位于新疆维吾尔自治区西南部，地处帕米尔高原东麓古老的喀什噶尔绿洲，有13个民族聚居。县劳动保障部门全力抓好岗位开发、组织引导、跟踪服务、维权保障等工作，大力发展劳务经济，取得了明显的经济效益和社会效益。

一、积极开拓疆内外劳务市场

充分发挥内地援疆干部的桥梁纽带作用，加强了与天津、山东、河北等省企业的联系，建立了长期合作关系，签订了一批劳务合作协议。县委、县政府领导每次赴内地考察学习，都积极联系和邀请用工企业前来疏附洽谈合作，并从有利于为本县工业发展培养人才，有利于较快增加农民收入出发确定用人企业和就业岗位。同时，结合本县道路、水利、农业设施、抗震安居等工程建设，就地就近多渠道开发就业岗位，引导施工单位多吸纳本地劳动力。全县还成立了2家劳务派遣公司，建立了800人的农村劳务经纪人队伍，促进和带动了农民外出务工创业。

二、建立服务网络和工作机制

制定了《劳务输出工作办法》，健全了以县劳务输出办公室为中心，以乡镇为纽带，以村为基点的三级服务网络，建立了全县劳动力资源台账，较好地掌握了农业劳动力基本情况和转移就业状况。通过服务网络及时把用工信息发往乡镇，并组织乡村干部和工作人员深入农户，开展宣传动员、传递信息、报名登记等服务工作。实行了外出务工人员考核体检制度，做到不符合招工条件的不输出，有劣迹前科的不输出，未经培训的不输出，体检不合格的不输出，使劳务输出工作更加规范有序。

三、加强跟踪服务和维权工作

在天津、河北、广东、福建等主要输出省区建立了劳务输出工作站和用工回访制度，向本县务工人员集中的企业派驻了带队干部，抽调有关部门组成维权工作组深入各地，协调处理劳资关系，帮助解决劳资纠纷。督促用人单位履行合同，保障务工人员的合法权益。2008年，还及时将过去的劳务协议全面改签为劳务合同，确保了合同的法律效力。同时，在务工地成立了临时党、团组织，加强了对务工人员的管理教育，并帮助解决实际困难。开通了企业和乡镇之间的亲情视频热线，定期组织务工人员与家人沟通，使家属放心，务工人员安心。

二、全国劳务输出工作示范县名录

所属省	示范县
天津市	武清区
河北省	魏县
	张北县
	唐县
	遵化市
	饶阳县
	大名县
山西省	浑源县
	夏县
	汾西县
	临猗县
	万荣县
内蒙古自治区	敖汉旗
	奈曼旗
	巴林左旗
辽宁省	朝阳县
	铁岭县
	建昌县
	阜新蒙古族自治县
吉林省	长岭县
	舒兰市
	农安县
	扶余县
黑龙江省	鸡东县
	林口县
	富裕县
	安达市

所属省	示范县
江苏省	宿豫县
	盱眙县
	阜宁县
	灌南县
浙江省	磐安县
	常山县
	丽水市莲都区
安徽省	灵璧县
	颍上县
	寿县
	太湖县
	无为县
福建省	蒲城县
	清流县
	仙游县
	平和县
江西省	丰城市
	余干县
	宁都县
	遂川县
	余江县
山东省	宁阳县
	泗水县
	沂水县
	菏泽市牡丹区
	莘县

所属省	示范县
河南省	滑县
	固始县
	杞县
	嵩县
	内黄县
	禹州县
湖北省	郧西县
	英山县
	石首市
	钟祥市
	通城县
湖南省	安化县
	桃源县
	攸县
	嘉禾县
	平江县
广东省	罗定市
	廉江市
	龙川县
广西壮族自治区	宜州市
	浦北县
	全州县
	大新县
海南省	乐东黎族自治县
重庆市	巴南区
	黔江区
	开县
	巫山县
四川省	绵竹市
	富顺县
	射洪县
	古蔺县
	资中县
	苍溪县

所属省	示范县
贵州省	罗甸县
	遵义县
	正安县
	天柱县
云南省	富源县
	南华县
	昌宁县
	富宁县
西藏自治区	日喀则市
陕西省	富平县
	紫阳县
	黄陵县
	武功县
甘肃省	山丹县
	陇西县
	秦安县
青海省	化隆回族自治县
宁夏回族自治区	同心县
	西吉县
新疆维吾尔自治区	疏附县
	米泉市
	且末县
	吐鲁番市